로마 걷기여행

On Foot Guides - Rome Walks by John Fort & Rachel Piercey
Copyright ⓒ 2015 Duncan Petersen Publishing Limited
Korean translation copyright ⓒ 2020 by TouchArt Publishing Co., Ltd.
All rights reserved.
This Korean edition published by arrangement with
Duncan Petersen Publishing Limited
through Koleen Agency, Korea.

이 책의 한국어판 저작권은 콜린 에이전시를 통해
저작권자와 독점 계약한 (주)터치아트에 있습니다.
신 저작권법에 의해 한국 내에서 보호받는 저작물이므로
무단 전재와 복제를 금합니다.

로마 걷기여행

존 포트 · 레이첼 피어시 지음 | 정현진 옮김

터치아트

차례

걸어서 로마 탐험하기 · 10
로마 맛보기 · 36

걷기 코스

1 _ The Capitol to the Cloaca Maxima
카피톨리노 언덕에서 클로아카 막시마까지:
고대 로마의 심장 · 44

2 _ The Forum, Palatine and Caelian Hill
포로 로마노와 팔라티노 언덕, 첼리오 언덕: 살아 있는 고고학 · · · · · · · · 62

3 _ The Isola Tiberina and the Jewish Ghetto
티베리나 섬과 유대 지구: 두 개의 섬 · 80

4 _ Grand Piazzas and Diocletian's Baths
수많은 대광장과 뒷골목, 디오클레티아누스 욕장: 바로크의 장관 · · · · · · · · · 94

5 _ From Via Veneto to the Trevi Fountain
베네토 거리에서 트레비 분수까지: 달콤한 인생 · · · · · · · · · · · · · · · · · · · 108

6 _ Around the Spanish Steps
스페인 계단을 중심으로: 낭만과 상업 · 122

7 _ Del Popolo to S. Luigi dei Francesi
포폴로 광장에서 산 루이지 데이 프란체시 성당까지:
카라바조의 발자취를 따라 · 136

8 _ Pantheon to Palazzo Altemps
판테온에서 팔라초 알템프스까지: 역사 한가운데서 길을 잃다 · · · · · · · · · 150

9 _ Piazza Venezia to San Lorenzo in Lucina
베네치아 광장에서 산 로렌초 인 루치나 성당까지:
최상류층의 삶, 귀족의 저택들 · 162

10 _ Around Campo de'Fiori
캄포 데 피오리 광장 근처: 있는 그대로의 로마 · 176

11 _ Ponte Sisto to Ponte Sant'Angelo
시스토 다리에서 산탄젤로 다리까지: 귀족과 순례자 · · · · · · · · · · · · · · · 192

12 _ Meandering Around Trastevere
정처 없이 거니는 트라스테베레 지구: 로마의 또 다른 모습 · · · · · · · · · 208

걸어서 로마 탐험하기

로마는 2천700년이 훌쩍 넘는 파란만장한 역사와 그 규모 덕분에 이탈리아에서도 매우 특출한 '예술 도시'로 손꼽힌다. 그 뿌리가 기원전 753년까지 거슬러 올라가는 로마는 대표적인 중세 도시 베네치아나 피렌체보다 훨씬 크고 유서 깊다. 고대 로마 제국 시절 역사학자들이 밝혀낸 '기원전 753년'이라는 로마의 건국 연도는 로마 달력AUC, Ab Urbe Condita, '로마 건국 이래'라는 뜻의 출발점이 되었다. 현대 고고학자들도 로마의 기원을 그 시기쯤으로 인정했다.

몇 세기 동안 세상에서 가장 크고 막강했던 제국의 수도이자 기독교 초창기부터 종교적 중심지였던 로마는 당대의 다른 대도시들과 비교하면 지나칠 정도로 모든 것이 풍요로웠다. 각 시대에 가장 잘나가는 예술가들과 혁신적인 건축가들이 로마에 우르르 몰려든 것도 당연하다. 오늘날 우리가 로마에서 만나는 수많은 기념비와 건축물, 조각과 회화, 분수와 광장은 그렇게 탄생했다. 로마의 문화유산은 양적으로나 질적으로, 예술성이나 다양성 측면에서 세계 어떤 도시와도 비교할 수 없을 정도로 뛰어나다. 무려 기원전 100년에 세워진 아름다운 신전부터 비록 많지는 않지만 눈부신 21세기 현대 건축물까지, 각 세기와 시대의 예술성을 규정하는 엄청난 다양성이 공존한다. 하지만 겨우 며칠 다녀가는 방문객에게 로마의 이러한 규모와 다양성은 매

비토리오 에마누엘레 2세 기념관(오른쪽 흰 건물) 주변 전경.

력인 동시에 커다란 부담이다. 더구나 로마의 역사 및 예술 중심지만 해도 꽤 넓게 퍼져 있다. 그렇다면 우리는 제한된 시간 안에 과연 무엇을 보고 무엇을 건너뛰어야 할까. 로마에 오랫동안 짐을 풀 계획이 아니라면 그 선택과 결정이 결코 쉽지 않다.《로마 걷기여행》은 바로 그 고민을 조금이라도 덜어 주고자 기획한 책이다.

걷기는 로마를 구석구석 살펴보는 가장 좋은 방법이다. 하지만 체력과 컨디션을 잘 관리하지 않으면 금방 지쳐 떨어지기 쉽다. 발품을 팔아야 할 물리적 거리도 만만치 않을뿐더러 로마가 터전을 이룬 곳이 그 유명한 '일곱 언덕'테베레Tevere, 강변 서쪽에 있기 때문에 포함되지 않은 자니콜로 언덕까지 합하면 원래는 여덟 언덕이니 말이다. 언덕 자체는 그다지 높지 않으나 부분적으로 꽤 가파른 길이 많다. 게다가 끝이 보이지 않는 오르막길이나 위압적인 층계참은 보기만 해도 숨이 차오른다. 설상가상 로마 중심가는 아무리 좁은 골목도 자동차가 안 다니는 데가 거의 없고, 늘 차가 우선이다. 따라서 절묘한 건축미에 한눈을 팔더라도 가차 없이 달려드는 자동차를 항상 경계해야 한다. 그렇다고 지레 겁먹지는 말자. 셀 수 없이 아름다운 광장과 분수, 기념비와 성당, 예술품으로 가득한 로마는 그러한 불편쯤은 얼마든지 감수할 수 있을 만큼 충분히 매력적이다. 지하철 노선은 제한적이지만 걷기 코스 대부분의 출발점과 도착점에서 무리 없이 이용할 수 있다. 지하철보다는 버스가 훨씬 더 접근성이 좋고 편리한 편이다. 일정에 따라 버스 노선과 이용 방법을 미리 파악해 두면 유용하다.

로마 시내를 걸어 다니는 동안 명심할 것 중 하나는 이따금 위를 쳐다보라는 것이다. 거대한 목재 출입구, 흥미롭게 조각된 석조 창틀과 처마, 파사드건물의 정면의 아름다운 색조, 거리 모퉁이마다 높다랗게 자리 잡은 작은 성당 등 다양하고 섬세한 건축 요소를 두루두루 감상하기 위해서다. 더구나 건물 옥상 테라스로마 사람들은 어떤 공간도 낭비하지 않는다.에서 쏟아져 내리는 푸른 나뭇가지나 꽃을 바라보면 고색창연함에서 벗어나 기분 전환도 할 수 있다. 때로는 우연히, 때로는 의도적으로 펼쳐지는 변화무쌍한 풍경과 전망도 놓치지 말자. 로마는 전반적으로 어떤 면에서나 매우 '드라마틱한' 도시다. 그중에서도 17, 18세기의 흔적이 지배적인 구간은 더욱 그러하다. 당시 건축가들이 로마 지층의 각기 다른 고도로마가 일곱 언덕 위에 세워졌다는 점을 상기하자.를 의도적으로 활용한 덕분에 모퉁이를 돌 때마다 예상치 못한 멋진 전경이 펼쳐진다.

이미 차례를 살펴본 독자들은 눈치챘겠지만 로마 하면 가장 먼저 떠오르는 주요 관광지가 이 책에는 빠져 있다. 바로 바티칸 박물관Musei Vaticani과 시스티나 예배당 Cappella Sistina, 산 피에트로 대성당 Basilica Papale di San Pietro이다. 바티칸 시국의 명성과 인기를 고려할 때 이는 결코 쉬운 결정이 아니었다. 하지만 그처럼 좁은 공간에 그렇게 밀집된 문

코스 안내

❶ 카피톨리노 언덕에서 클로아카 막시마까지: 44쪽
❷ 포로 로마노와 팔라티노 언덕, 첼리오 언덕: 62쪽
❸ 티베리나 섬과 유대 지구: 80쪽
❹ 대광장과 뒷골목, 디오클레티아누스 욕장: 94쪽
❺ 베네토 거리에서 트레비 분수까지: 108쪽
❻ 스페인 계단 주변: 122쪽
❼ 포폴로 광장에서 산 루이지 데이 프란체시 성당까지: 136쪽
❽ 판테온에서 팔라초 알템프스까지: 150쪽
❾ 베네치아 광장에서 산 로렌초 인 루치나 성당까지: 162쪽
❿ 캄포 데 피오리 광장 주변: 176쪽
⓫ 시스토 다리에서 산탄젤로 다리까지: 192쪽
⓬ 트라스테베레 지구: 208쪽

화유산을 간직한 바티칸 시국을 이 책의 다른 걷기 코스와 함께 엮는 것이 다소 억지스럽게 느껴졌다. 무리를 해서라도 바티칸을 함께 묶었다면, 이 책의 기획 의도와 맞지 않게 책의 '부피'가 너무 커졌을 것이다. 더구나 바티칸은 교황이 지배하는 독립국으로 로마에 속하지 않는다.

《로마 걷기여행》에 소개한 12개 코스를 모두 답사한다면 로마가 어떤 곳인지 충분히 감을 잡을 수 있을 것이다. 바티칸을 제외한 모든 주요 관광지를 섭렵했고, 관광객에게 덜 알려진 깊숙한 곳까지 발품을 팔았을 테니 말이다. 그리하여 로마 여행이 즐겁고 알찼다면, 그래서 로마에 또다시 가고 싶다면, 이 책의 목적은 이루어진 셈이다. 저명한 이탈리아 저널리스트 실비오 네그로Silvio Negro, 1897~1959는 말했다. "로마, 한평생도 모자라다."

지도는 어떻게 만들어졌을까

《로마 걷기여행》에 수록된 지도는 소규모의 지도 전문 제작팀이 어도비 일러스트레이터(Adobe Illustrator)를 이용해 디지털로 완성했다. 지도 제작팀은 우선 개별 건물들이 있는 평면도를 스케치하고, 건물을 삼차원으로 표현하기 위해 인위적으로 거리 너비를 확대했다. 삼차원 건물 모양은 고공에서 촬영한 실사 사진을 참고했다. 마지막으로 각 건물의 세부 사항과 색깔을 추가해 이 책의 삼차원 지도를 완성했다. 지도에 세부 사항을 입력하는 단계는 시간과 노력이 가장 많이 들어가는 고된 작업이었다. 색을 입히는 과정은 자동화된 디지털 프로그램 덕분에 그나마 비교적 손쉽게 진행되었다.

1. 이 책, 어떻게 이용할까

《로마 걷기여행》에 소개한 지역은 로마 북쪽 포폴로 광장에서 남쪽 트라스테베레 지구까지, 서쪽 시스토 다리에서 동쪽 콜로세움까지다. 이 책에 소개한 12개 코스는 시대별, 주제별로 최대한 다양한 로마를 소개하기 위해 고심해 선별했다. 로마 하면 누구나 떠올리는 유명한 관광지는 물론, 조금 덜 알려졌어도 흥미로운 장소와 기념비는 가능한 한 많이 포함하고자 했다. '바로크의 장관' 같은 부제목에서 알 수 있듯이 모든 걷기 코스에는 각기 다른 테마가 있다. 하지만 로마의 가장 큰 매력이 무엇인가? 바로 고대 로마의 폐허 위에 첩첩이 쌓아 올린 각기 다른 시대의 기념비가 시대와 장르를 넘나들며 공존한다는 점이다. 따라서 걷기 코스가 본래의 테마를 벗어나 종종 '삼천포로 빠지더라도' 너그럽게 이해해 주기 바란다.

각 코스별 소요 시간은 두 시간 안팎이면 되도록 설계했다. 물론 중간에 길을 잃거나 다른 데 정신을 빼앗기지 않고 정해진 코스만 충실히 답사했을 경우에 한해서다. 하지만 로마에서 옆길로 새지 않고 한눈도 팔지 않을 수 있는 사람이 과연 얼마나 있을까. 모르긴 몰라도 이름 모를 거리나 매혹적인 안마당에 호기심을 느껴 본래의 코스를 벗어나 구경하는 것이 책이 가자는 데로 가는 것보다 훨씬 쉽고 재미있을 것이다. 더구나 로마의 커피 맛은 왜 그렇게 좋고, 멋진 카페는 구석구석 또 왜 그렇게 많은지! 결론적으로 코스별 소요 시간은 말 그대로 독자 하기 나름이다.

지도 이용

지도에 걷기 코스는 붉은 선으로, 진행 방향은 화살표로 표시했다. 각 코스의 출발 지점과 도착 지점에서 가장 가까운 지하철역도 함께 안내했다. 지하철역이 꽤 멀리 떨어진 경우, 그 거리도 안내했으니 일정을 계획하는 데 참고하자. 각 코스는 현재 위치 파악과 길 찾기가 수월하도록 진행 방향에 따라 번호를 붙였다. 마찬가지로 본문에도 번호를 붙여 각 구간을 설명했다. 거리 이름과 주요 건축물, 박물관과 미술관, 조각상과 분수, 레스토랑과 카페, 상점 등 흥밋거리는 다른 색깔로 표시했다.

걷기 코스 연결하기

로마 중심가의 주요 볼거리들은 밀집해 있는 경우가 많다. 따라서 몇몇 코스는 가까운 거리에 이웃해 있으며, 심지어 일부 구간이 겹치기도 한다. 덕분에 시간과 체력이 충분하다면 얼마든지 여러 코스를 이어서 답사할 수 있다. 대표적인 예는 다음과 같다.

• '1. 카피톨리노 언덕에서 클로아카 막시마까지' 코스가 끝나는 지점은 '3. 티베리나 섬과 유대 지구' 코스가 시작하는 지점과 매우 가깝다. 이 두 코스를 연결하면 로마의 다양하고 대조적인 모습을 한번에 비교 감상할 수 있다.

• '3. 티베리나 섬과 유대 지구' 코스는 '12. 정처 없이 거니는 트라스테베레 지구' 코스와 자연스럽게 이어진다.

• '5. 베네토 거리에서 트레비 분수까지' 코스와 '4. 수많은 대광장과 뒷골목, 디오클레티아누스 욕장' 코스도 마찬가지다. 하지만 이 두 코스를 함께 답사하려면 로마에서 가장 가파른 구간들을 여러 차례 오르락내리락해야 하므로 체력 관리에 신경 써야 한다.

• '8. 판테온에서 팔라초 알템프스까지', '7. 포폴로 광장에서 산 루이지 데이 프란체시 성당까지', '9. 베네치아 광장에서

산 로렌초 인 루치나 성당까지', '10. 캄포 데 피오리 광장 근처' 네 코스는 서로 이리저리 얽혀 있다. 하지만 오르막길 없는 평지라 마음만 먹으면 얼마든지 함께 답사할 수 있다. 만약 일정은 빠듯한데 체력은 남아돈다면 세 코스 정도는 거뜬히 이어서 둘러볼 수 있을 것이다. 하지만 한꺼번에 너무 많은 것을 보고 경험하면 이른바 '문화적 소화 불량'에 걸릴 수 있으니 가능하면 여유를 갖고 느긋하게 돌아볼 것을 권한다.

- '11. 시스토 다리에서 산탄젤로 다리까지' 코스는 '12. 정처 없이 거니는 트라스테베레 지구' 코스가 끝나는 지점과 멀지 않은 곳에서 출발한다. 이 두 코스는 성격도 매우 잘 맞고 오르막 구간도 없다. 여기에 '3. 티베리나 섬과 유대 지구' 코스까지 자연스럽게 연결할 수 있다. 바쁘고 건강한 여행자들이 도전해 볼 만한 또 다른 일정이다. 하지만 아침 일찍 서둘러야 하므로 늦잠꾸러기들은 곤란하다.

2. 로마 걷기여행, 언제가 좋을까

《로마 걷기여행》의 12개 코스를 답사하는 데 여름이든 겨울이든 날씨는 크게 상관없다. 그러나 세계 최대 관광지에 매일같이 몰려드는 인파를 고려한다면 이야기가 다르다. 로마는 4월 부활절 휴가부터 11월까지가 성수기다. 그중에서도 5월부터 7월, 그리고 9월 중순부터 10월 말까지는 특히 더 북적거린다.

특히 콜로세움과 스페인 계단, 트레비 분수, 판테온, 나보나 광장이 계절에 상관없이 늘 복잡하다. 따라서 사람 많은 곳은 질색인 여행자라면 성수기에는 '2. 포로 로마노와 팔라티노 언덕, 첼리오 언덕', '5. 베네토 거리에서 트레비 분수까지', '6. 스페인 계단을 중심으로', '8. 판테온에서 팔라초 알템프스까지', '11. 시스토 다리에서 산탄젤로 다리까지' 코스는 가급적 피하는 게 좋다. 그래도 주요 관광지를 놓치고 싶지 않다면 단단히 각오하길 바란다. 그 외의 코스는 성수기라도 인파가 크게 문제 되지는 않는다. 그중에서도 '12. 정처 없이 거니는 트라스테베레 지구' 코스가 가장 한적하다. 로마 여행 중에 잠시나마 인파를 벗어나고 싶다면 추천한다.

주말 걷기

일요일에는 대부분의 성당에서 미사가 열린다. 성당에 따라 미사 중에는 여행객의 방문을 제한하기도 한다. 가령, 7코스의 산타 마리아 델 포폴로 성당 Santa Maria del Popolo은 미사 도중에는 아름다운 회화 작품이 있는 곳에 접근할 수 없으니 유의한다.

1년 중 대부분의 토요일에는 아름다운 로마의 성당 곳곳에서 결혼식이 열리므로 평소보다 더 화려한 꽃 장식을 구경할 수 있다. 성당 결혼식은 기본 예의만 갖춘다면 언제라도 참관할 수 있다. 결혼식 장소로 특히 인기 높은 성당들이 포함된 걷기 코스는 다음과 같다.

1. 카피톨리노 언덕에서 클로아카 막시마까지: 산타 마리아 인 아라코엘리 대성당 Santa Maria in Aracoeli 은 예비 신랑·신부들에게 대단히 인기가 많다. 한껏 멋을 낸 신부가 활짝 열린 중앙 문을 향해 124개의 층계를 올라가는 모습은 누가 봐도 매우 인상적이다.

2. 포로 로마노와 팔라티노 언덕, 첼리오 언덕: 산티 조반니 에 파올로 대성당 Santi Giovanni e Paolo 역시 결혼식장으로 매우 인기가 좋다. 한적한 광장에 자리하고 있을 뿐 아니라 하객들이 주차하기도 쉽다.

4. 수많은 대광장과 뒷골목, 디오클레티아누스 욕장: 산탄드레아 알 퀴리날레 성당 Sant' Andrea al Quirinale 은 베르니니의 걸작이다. 오붓한 소규모 결혼식을 올리기에 완벽한 곳이다.

8. 판테온에서 팔라초 알템프스까지: 웅장한 산타그네세 인 아고네 성당 Sant'Agnese in Agone 은 성대한 결혼식에 어울린다.

12. 정처 없이 거니는 트라스테베레 지구: 평화롭고 조용한 곳에 있는 산타 체칠리아 인 트라스테베레 성당 Santa Cecilia in Trastevere 은 넓고 밝다. 엄숙한 결혼식이 열리는 동안 아이들은 안뜰에서 마음껏 뛰놀 수 있다.

로마의 날씨

로마의 평균 강수량은 런던보다 많다. 하지만 런던처럼 시도 때도 없이 비가 내리지는 않고 한꺼번에 오는 편이다. 따라서 런던과 비교하면 로마 날씨는 대체로 맑고 기온도 온화하다. 로마의 겨울 날씨는 춥다기보다는 좀 쌀쌀한 편이다. 물론 살을 에는 로마의 찬바람은 악명 높고, 기온이 영하로 떨어져 분수가 어는 경우도 있지만 이런 강추위는 자주 있지도 않고, 오래가지도 않는다.

로마에서 비가 가장 많이 내리는 달은 2월과 11월이지만, 1년 중 어느 때라도 폭풍우를 만나 흠뻑 젖을 가능성은 있다. 7월 초부터 8월 중순까지는 대부분 견디기 힘들 정도로 덥다. 가장 뜨거운 7월 중순에는 낮 기온이 40도까지 오르기도 한다.

날씨가 가장 좋은 달은 춥지도 덥지도 않은 4월부터 6월, 9월부터 10월까지다. 하지만 로마는 한겨울에도 날씨만 좋다면 가을 옷차림으로 광장 노천카페에서 점심을 먹을 수 있을 만큼 온화하다. 따라서 로마의 겨울 날씨를 걱정하기보다 성수기 인파를 피해 여행 일정을 잡는 것이 더욱 현명할 것이다.

주중 걷기

관광객 수요에 따라 로마 시내의 거의 모든 곳이 1주일 내내 문을 연다. 그러나 국립 박물관과 미술관은 대부분 월요일이 정기 휴일이다. '1. 카피톨리노 언덕에서 클로아카 막시마까지' 코스의 카피톨리니 미술관, '5. 베네토 거리에서 트레비 분수까지' 코스의 바르베리니 저택 및 박물관, '7. 포폴로 광장에서 산 루이지 데이 프란체시 성당까지' 코스의 평화의 제단, '8. 판테온에서 팔라초 알템프스까지' 코스의 알템프스 저택, '10. 캄포 데 피오리 광장 근처' 코스의 바라코 미술관, '12. 정처 없이 거니는 트라스테베레 지구' 코스의 코르시니 미술관 모두 월요일에 문을 닫는다. 하지만, '2. 포로 로마노와 팔라티노 언덕, 첼리오 언덕' 코스의 콜로세움이나 포로 로마노 지역은 크리스마스 당일을 제외하고 1년 내내 문을 연다.

아이와 함께 하는 걷기

로마는 아이들과 함께 여행하기에 만만한 도시가 아니다. 하지만 아이들 대부분은 죽음의 낌새가 보이는 것이라면 무엇이든지 흥미와 호기심을 보인다. 아이들과 함께 둘러보기 좋은 대표적인 코스는 다음과 같다.

2. 포로 로마노와 팔라티노 언덕, 첼리오 언덕: 이 코스에서는 사람과 사람, 사람과 짐승, 또는 짐승과 짐승이 '재미 삼아' 피 터지게 싸우던 콜로세움이 하이라이트다. 이런 끔찍한 역사적 배경 때문에 어른들에게는 콜로세움이 불길하고 불편하다. 반면, 아이들 대부분은 장소 자체가 주는 음산한 분위기에 매료되고 깊은 호기심을 보인다. 한편, 팔라

티노 언덕Monte Palatino은 아이들이 끝없이 펼쳐진 비탈길을 오르내리고 터널 속을 탐험하고, 폐허와 석조 무더기를 올라타면서 시간 가는 줄 모르는 곳이다.

5. 베네토 거리에서 트레비 분수까지: 흔히 '해골 성당'으로 알려진 산타 마리아 델라 콘체지오네 성당Santa Maria della Concezione도 아이들에게 인기가 많다. 정교하고 절묘하게 진열된 수많은 해골과 뼈, 그리고 일부 수도사들의 소름 끼치는 유머 감각이 만들어낸 잡다한 물건들은 언제나 아이들의 호기심을 자극한다. 이 코스 끄트머리에 있는 아름다운 트레비 분수도 어른, 아이 할 것 없이 즐길 수 있는 명물이다. 더구나 주변에 맛있는 아이스크림 가게가 많아서 종일 '말 잘 들은' 아이들에게 멋진 보상이 될 것이다.

안전한 걷기여행을 위해 알아 두자

모든 유명 관광 도시처럼 로마에서도 관광객은 소매치기나 좀도둑의 손쉬운 먹잇감이다. 언제 어디서나 방심은 금물, 조심 또 조심해야 한다. 특히, 혼잡한 버스나 지하철 안에서는 소지품이나 귀중품 관리에 더욱 주의하자.

관광객이 많이 이용하는 64번 버스는 관광객을 노리는 소매치기로 악명 높다. 버스를 타거나 내릴 때 가방 날치기도 조심하자. 가방은 손에 들거나 어깨에 메는 유형보다는 크로스백이 안전하다. 늦은 시간에 테르미니 역 주변을 지날 때는 각별히 주변을 경계하도록 한다.

로마의 엄청난 교통량과 사람들의 거친 운전 습관 때문에 도로를 건너는 일은 담력 테스트처럼 느껴질지도 모른다. 자신이 없다면 그저 로마 사람들이 하는 대로 따라 하면 된다. 절대 인도와 차도 사이에서 소심하게 어물거리면 안 된다. 로마 운전자들이 보행자들에게 신사적으로 먼저 길을 내어 주는 일은 거의 없다.

교통의 흐름을 잘 살핀 후 틈새가 보이면 자신감 있게 도로에 진입한다. 그리고 일단 도로에 들어서면 그저 일정한 걸음걸이로 꾸준히 나아간다. 갑자기 달리거나 멈추지만 않는다면, 자동차들이 알아서 피해 갈 것이다. 그래도 혼자서는 도저히 길을 못 건너겠다면 기다렸다가 현지인을 따라 건너는 것도 좋은 전략이다.

3. 로마 걷기, 어떻게 이동할까

로마 시내를 이동하는 가장 좋은 방법은 걷는 것이다. 로마의 중심부인 구시가는 주요 볼거리가 대부분 몰려 있는 데다 넓지도 않다. 콜로세움에서 스페인 광장까지 거리는 2.5킬로미터 정도다. 그러나 북적거리는 인파와 울퉁불퉁한 자갈길, 여행의 피로와 여름의 열기까지 더하면 걷는 게 늘 만만하지만은 않다. 다행히 로마는 ATAC에서 버스와 지하철, 전차와 기차로 구성된 광범위한 대중교통 체계를 운영한다. ATAC 웹사이트 www.atac.roma.it 에서 각종 지도를 내려받을 수 있고 테르미니 역 바깥의 ATAC 창구에서도 무료 지도를 배포한다.

표 사기

여행 일정에 따라 살 수 있는 승차표의 종류는 다음과 같다.

1회 승차권(B.I.T): 1.5유로. 승차권을 처음 사용한 시각부터 100분간 유효하다. 버스와 트램은 횟수에 상관없이 환승할 수 있지만 지하철은 1회만 쓸 수 있다.

24시간 승차권: 7유로. 승차권을 처음 사용한 시각부터 24시간 동안 모든 대중교통을 자유롭게 이용할 수 있다.

48시간 승차권: 12.5유로. 승차권을 처음 사용한 시각부터 48시간 동안 모든 대중교통을 자유롭게 이용할 수 있다.

72시간 승차권: 18유로. 승차권을 처음 사용한 시각부터 72시간 동안 모든 대중교통을 자유롭게 이용할 수 있다.

7일 승차권: 24유로. 승차권을 처음 사용한 시각부터 1주일 동안 모든 대중교통을 자유롭게 이용할 수 있다.

승차표는 탑승 전에 구매해야 한다. 지하철역이나 신문 가판대, 승차표 자동발매기, 또는 주요 버스 정류장의 티켓 창구를 이용하면 되고, Ttabacchi 간판으로 쉽게 찾을 수 있다. 승차표 자동발매기는 최대 6유로까지만 거스름돈을 내어주므로 반드시 소액 지폐나 동전을 준비한다. 승차표를 이용할 때는 반드시 날짜와 탑승 시간을 찍어 유효화해야 한다. 지하철은 입구에서, 버스와 트램은 승차 후 노란 상자에 승차표를 집어넣었다 빼면 된다.

지하철

로마의 지하철 시스템은 무솔리니 시절에 만들어졌다. 주요 노선은 주황색 A선과 파란색 B선 두 개이며, B선에서 확장된 B1선이 운영 중이다. 도심을 대각선으로 가로지르는 두 노선은 테르미니 역에서 교차한다. 지하철은 오전 5시 30분부터 밤 11시 30분까지토요일은 밤 12시 30분까지 10분 간격으로 운행한다. 2020년 현재, C노선을 건설 중이며 일부 구간은 개통되었으나 완공 시일은 미정이다.

택시

택시 승강장에서 'Comune di Roma'라는 표시가 문에 붙어 있는 노란색 또는 흰색 공식 택시만 이용하는 것이 좋다. 콜택시를 부르면 승객을 태운 장소가 아니라 콜을 받고 출발한 장소에서부터 요금을 매긴다. 트렁크 등의 큰 짐은 개당 1유로씩 추가 요금이 붙는다. 시내에서 공항까지 요금은 치암피노Ciampino 공항까지 30유로, 피우미치노Fiumicino 공항까지 48유로2020년 기준로 정해져 있다. 그 외의 모든 요금은 미터기로 책정되며 센트는 반올림하여 유로로 지불한다. 로마의 주요 콜택시 회사는 다음과 같다.

Radio Taxi Samarcanda : 06 55 51　　　Pronto Taxi : 06 66 45
La Capitale Radio Taxi : 06 49 94

버스와 트램

로마에 도착하기 전, 로마 시내 지도와 주요 버스 노선도를 눈에 익히고 온다면 여행이 한결 편리하고 즐거울 것이다. 버스는 아침 5시 30분부터 자정까지 운행하며, 자정부터 다음 날 아침까지는 심야버스가 다닌다. 심야버스는 30분마다 도시 전역을 운행하며, 심야버스 정류소는 노선도에 '부엉이' 마크로 표시되어 있다. 주요 심야버스 종착역은 테르미니 역 앞의 500인 광장 Piazza dei Cinquecento과 베네치아 광장이다.

버스 정류장 노선도에 붉은 박스로 표시한 지점이 현 정거장이며, 현 정거장 아래 적혀 있는 정류장들이 버스 진행 방향이다. 만약 목적지가 노선도의 현 정거장 위쪽에 있다면, 길을 건너 반대 방향 버스를 타면 된다. 로마 시내는 버스가 안 가는 곳이 거의 없지만, 심각한 교통 체증 때문에 운행 속도는 대체로 매우 더디다. 따라서 로마 외곽에 숙소를 잡을 생각이라면 시내까지 빠르고 편리하게 이동할 수 있는 지하철역 주변이 편하다. 한편 일요일과 공휴일, 8월 휴가철에는 버스 운행 빈도가 절반으로 줄어드니 참고한다.

자전거

악명 높은 로마의 교통 체증에 발이 묶이고 싶지 않다면 자전거를 대여해 관광하는 것도 좋은 방법이다. 물론 로마 시내의 가파른 비탈길과 자갈길도 불평 없이 달릴 각오를 해야 한다. 자전거 타는 것이 가장 즐거운 날은 로마 시내 많은 구간에 자동차 통행이 금지되는 일요일이다. 자전거로 로마의 공원과 정원을 여유롭게 한 바퀴 둘러보는 것도 적극 추천한다.

시내 곳곳에 세워진 공유 자전거를 이용하는 것도 편리하다. 차량 공유 서비스 회사 우버Uber에서는 2019년 10월부터 공유 전기 자전거

'우버 점프'를 새롭게 선보였다. 휴대전화에 우버 앱을 설치해 주변에 있는 자전거를 찾아 예약한 후 QR코드로 쉽게 빌릴 수 있다. 기본요금은 0.5유로에서 시작해 1분당 0.2유로가 부과된다. 자세한 내용은 www.uber.com/us/en/ride/uber-bike를 참고하자.

4. 로마 관광 정보

로마에는 피우미치노 공항과 치암피노 공항 두 곳이 있다. 두 곳 모두 국적기와 저가 항공사들이 취항하지만 대부분의 저가 항공과 전세기는 치암피노 공항을 주로 이용한다. 런던에서 로마까지 기차로 여행하는 것도 가능하다. 런던에서 파리까지 유로스타를 이용하고, 파리에서 로마까지는 야간열차를 이용하면 된다. 총 소요 시간은 15시간 20분이다.

로마시에서 운영하는 관광 안내소와 일반 여행사 모두 질 높은 서비스를 제공하며 웹사이트도 유용하다.

APT 로마 관광 안내소 주소: Via Parigi 11, 전화: 06 48 89 91. 로마의 주요 기차역에도 APT^{Ag. Regionale Promozione Turistica} 지점이 있다.

P.I.T 여행자 정보 센터 P.I.T^{Punti di Informazione Turistica}의 녹색 키오스크는 로마 시내 전역에 분포해 있으며 매일 문을 연다. 관광객들은 주요 역에 있는 P.I.T에서 손쉽게 필요한 정보를 얻을 수 있다. P.I.T 직원들은 관광 정보나 여행 팁을 제공하며, 주요 관광지의 입장권 예약과 판매도 대행한다. 테베레 강 보트 투어 28쪽 참고나 110 홉온/홉오프 버스와 아르케오버스 27쪽 참고, 관광 패스 등도 구입할 수 있다. 인터넷으로 예매한 로마 패스도 바로 이곳에서 찾는다.

Enjoy Rome 주소: Via Marghera 8a, 전화: 06 445 0734. 전 직원이 유창하게 영어를 쓰는 관광 회사다. 웹사이트 www.enjoyrome.com 정보가 매우 알차며, 로마 투어 상품이나 숙소 등을 예약할 수 있다.

어린이를 동반한 여행객

어린이를 동반한 여행객은 로마 관광 웹사이트 www.turismoroma.it에서 관련 링크를 확인하거나 다양한 정보를 얻을 수 있다. 또 www.060608.it/en도 아이들을 위한 행사나 관광지 검색에 유용하다.

장애 여행객

로마의 울퉁불퉁한 자갈길이나 인파로 가득한 보도, 복잡하고 아찔한 차도는 휠체어를 탄 장애 여행객들에게 엄청난 도전이다. 택시만 이용할 게 아니라면, 여행 전에 미리 일정에 따른 이동 편의 시설을 확인해 보는 게 바람직하다. 그나마 지하철 B선의 역들은 대부분 승강기를 운행하지만, A선은 거의 없다. 반면, 로마의 시내버스와 트램 대부분은 휠체어를 타고 탑승이 가능하다. 특히 590번 버스는 지하철 A선과 같은 노선을 운행하니 참고한다.

로마의 박물관과 미술관은 대부분 휠체어를 타고 전체 또는 부분적으로 둘러볼 수 있다. 하지만 고대 유적지나 발굴 현장은 다른 사람의 도움 없이 이동하기가 거의 불가능하다. 한편, 장애인과 그 동반인은 콜로세움에 무료로 입장할 수 있다. 일반 매표소에 줄을 서는 대신 두 번째 창구에서 바로 티켓을 받자.

Sage Traveling(www.sagetraveling.com/Rome-Disabled-Access)은 어릴 때 장애를 입은 남자가 만든 웹사이트로, 다른 장애 여행객들을 돕는 데 적극적이다. 로마를 여행하려는 장애 여행객들에게 유용한 정보를 제공한다.

버스 투어

시티투어 버스의 최대 장점은 로마를 짧은 시간에 훑어볼 수 있다는 점이다. 110홉온/홉오프 버스110 Hop on/Hop off Bus는 2층이 개방된 전형적인 시티투어용 버스다. 테르미니 역의 500인 광장Piazza del Cinquecento을 기점으로 순환하며, 로마에서 가장 유명한 관광지 40곳에 정차한다. 한 바퀴 도는 데 보통 두 시간 정도 걸리며, 1일 티켓을 사면 종일 어디서든 타고 내릴 수 있다. 주요 정류장은 퀴리날레 언덕, 콜로세움, 진실의 입, 베네치아 광장, 나보나 광장, 산 피에트로 광장, 카보르 광장, 평화의 제단, 트레비 분수, 베네토 거리 등이다.

고고학 버스라는 뜻의 아르케오버스Archeobus 역시 500인 광장에서 30분마다 출발하며, 아피아 가도Via Appia를 따라 로마의 주요 고고학 유적지를 경유한다. 주요 정류장은 대전차 경기장, 아우렐리아누스 성벽, 산 칼리스토 카타콤베, 산 세바스티아노 카타콤베, 로물루스 신전, 막센티우스 전차 경기장, 체칠리아 메텔라의 무덤, 퀸틸리 저택, 카살 로톤도 무덤, 카파렐라 공원, 카라칼라 욕장 등이다.

110홉온/홉오프 버스와 아르케오버스 모두 다국어로 안내 방송을 하며, 통합권도 구매할 수 있다. 버스 투어보다 저렴한 방법은 19번 트램이나 3번 트램을 타고 현지인들과 뒤섞여 로마를 한 바퀴 도는 것이다. 19번은 리소르지멘토 광장Piazza Risorgimento에서 포르타 마조레 광장Piazza Porta Maggiore까지, 3번은 동물원 부근의 줄리아 계곡Valle Giulia에서 트라스테베레 역Stazione Trastevere까지 운행한다.

보트 투어

테베레 강을 오가는 유람선 투어는 네니 다리 Ponte Nenni에서 출발해 산탄젤로 다리 Ponte Sant'Angelo를 경유하여 티베리나 섬 Isola Tiberina까지 운행한다. 한 시간짜리 가이드 투어 유람선은 산탄젤로 성 Castel Sant'Angelo에서 출발한다. 여름에만 운항하는 하루 코스는 마르코니 다리 Ponte Marconi에서 출발해 오스티아 안티카 Ostia Antica를 방문한다.

박물관 이용

로마는 언제나 관광객으로 북적거린다. 따라서 미리미리 일정을 계획하면 좀 더 여유롭게 여행할 수 있다. 가령, 로마 패스 같은 관광 패스를 사전에 구매해 두면 시간과 비용을 많이 아낄 수 있다.

로마 패스 48시간권: 가격은 28유로이며, 패스를 처음 사용한 시각부터 48시간 동안 모든 대중교통을 자유롭게 이용할 수 있다. 45개 이상의 박물관, 미술관, 유적지 중 원하는 한 곳에 무료로 입장할 수 있다. 두 번째 입장표부터는 할인 요금이 적용된다.

로마 패스 72시간권: 가격은 38.5유로이며, 패스를 처음 사용한 시각부터 72시간 동안 모든 대중교통을 자유롭게 이용할 수 있다. 45개 이상의 박물관, 미술관, 유적지 중 원하는 두 곳에 무료로 입장할 수 있다. 세 번째 입장표부터는 할인 요금이 적용된다.

로마의 팁 문화

로마의 서비스 요금은 대개 가격에 포함돼 있으며, 계산서에 'servizio'라고 따로 표시돼 있다. 하지만 만족스러운 서비스에는 팁을 추가로 남기기도 한다. 계산서에 서비스 요금이 포함되어 있지 않다면, 총 요금에 10~15%를 더해서 지불한다. 카페나 술집은 따로 서비스 요금을 요구하지는 않지만, 거스름돈의 일부나 동전을 약간 남기는 게 관례다. 참고로 카페나 술집은 바에 서서 이용하면 같은 메뉴도 자리에 앉아서 주문한 것보다 저렴하다. 바를 이용할 경우 대체로 계산을 먼저 하고 주문한다.

로마 패스 이외에도 고고학 카드 Archeologia Card, 로마 국립 박물관 카드 Museo Nazionale Romano Card, 아피아 안티카 카드 Appia Antica Card 등 사용 목적에 따른 관광 패스가 있다.

박물관 개장 시간

모든 국립 박물관은 월요일이 정기 휴일이지만 콜로세움, 팔라티노 언덕과 박물관, 카라칼라 욕장은 오후 2시까지 개장한다. 크리스마스 당일과 새해 첫날, 5월 1일 노동자의 날은 박물관 대부분이 문을 닫는다. 주요 박물관과 관광지는 보통 오전 9시부터 저녁 7시까지 문을 열며, 마지막 입장은 폐장 한 시간 전까지 가능하다. 거대한 고고학 유적지는 오전 8시 30분에 문을 열어 해가 지기 한 시간 전에 문을 닫는다. 한편, 바티칸 시국은 로마에 속하지 않는 독립국가로서 별도의 운영 시간이 있다.

분실물

소지품 및 신분증을 잃어버리거나 도둑맞으면 가장 가까운 경찰서나 군경찰 카라비니에리 당국에 신고한다. 여권을 분실한 경우는 주 이탈리아 대한민국 대사관에 연락한다. 테르미니 역 24번 승강장 뒤쪽에 분실 화물 보관소가 있다. 로마시청이 운영하는 분실물 센터의 주소와 연락처는 다음과 같다.

주소: Circonvallazione Ostiense 191 전화: 06 6769 3214
운영 시간: 월요일~금요일, 08:30~13:00(단, 목요일은 17:00까지)

상점 및 은행 업무 시간

로마 중심가 상점들은 대체로 월~토요일, 오전 9시부터 저녁 8시까지 문을 연다. 일부 대형 상점은 일요일이나 공휴일에도 문을 연다. 영세 자영업자들은 보통 오전 9시부터 오후 1시까지, 오후 3시 30분부터 저녁 7시 30분까지 영업한다. 월요일은 점심시간이 지나고 문을 여는 상점들이 많으며, 목요일 오후에 문을 닫는 식품점도 많다. 공휴일에 문을 여는 가게는 거의 없으며, 8월 휴가철에는 2주 정도 휴업하는 식당과 상점이 많다.

은행은 월~금요일, 오전 8시 30분부터 오후 1시 30분, 오후 3시부터 4시 30분까지 영업한다. 간혹 토요일 오전에 문을 여는 은행도 있지만, 일요일과 공휴일은 모두 문을 닫는다. 현금 인출기는 시내 전역에 있다. 환전은 은행과 우체국, 환전소에서 하면 된다. 환율은 우체국이 가장 좋다. 우체국은 보통 월~토요일, 오전 8시부터 오후 1시 45분까지 문을 연다. 일부 지점은 더 늦게까지 문을 열기도 한다.

공휴일

1월 1일 : 새해 첫날 Capodanno
1월 6일 : 주현절 Epifania
부활절 Pasqua, 부활절 바로 다음 월요일 Pasquetta
4월 25일 : 해방 기념일 Festa Della Liberazione
5월 1일 : 노동절 Festa del lavoro
6월 2일 : 공화국 기념일 Festa della Repubblica Italiana
6월 29일 : 로마의 수호성인 성 베드로와 성 바오로 축일
8월 15일 : 성모 승천일 Ferragosto
11월 1일 : 만성절 Ognissanti
12월 8일 : 성모 수태일 Immacolata Concezione
12월 25일 : 성탄절 Natale
12월 26일 : 성 스테파노 축일 Santo Stefano

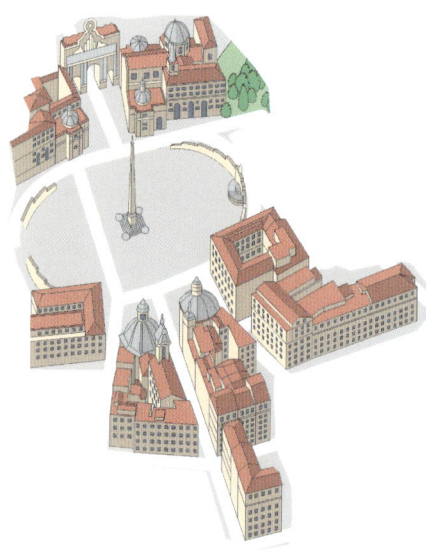

응급 연락처

경찰: 113 | 군경찰 카라비니에리(Carabinieri): 112
화재: 115 | 자동차 견인 요청: 116 | 응급 환자 구급차: 118
전화 안내: 12

*위급한 의료 상황이 발생하면 구아르디아 투리스티카(Guardia Turistica)의 다국어 안내를 이용한다. 주소: Nuova Regina Hospital, Via Morosini 30, Trastevere.
이용 시간: 월요일~금요일, 08:00~20:00
*일반적인 의료 상황, 또는 위 기관을 이용할 수 없는 시간대나 공휴일에는 시내 곳곳에 있는 응급 센터(Pronto Soccorso)를 이용한다. 로마의 응급 센터는 365일 24시간 운영한다. roma.virgilio.it/pubblicautilita에서 응급 센터 정보를 확인할 수 있다.
*소아에게 응급 상황 발생 시 밤비노 제수 어린이 병원(Ospedale Pediatrico Bambino Gesù)에 문의한다. 주소: Piazza di Sant'Onofrio 4, 전화: 06 68 591

주 이탈리아 대한민국 대사관

주소: Via Barnaba Oriani 30, 00197 Roma
대표 전화: (+39) 06 8024 61
대표 팩스: (+39) 06 8024 6259
대표 이메일: consul-it@mofat.go.kr
민원 업무 시간: 월요일~금요일, 09:30~12:00, 14:00~16:30
휴일 당직 전화: (+39) 335 1850 499
영사과 여권 분실, 재발급 문의: (+39) 06 8024 6227
비자 문의: (+39) 06 8024 6226
사건 사고 신고: (+39) 335 1850 383, (+39) 06 8024 6228
찾아가기: 로마 시내 북쪽 파리올리 Parioli 지역에 있다. 로마 테르미니 역에서 223번 시내버스를 타고 산티아고 델 칠레 광장에서 내려 약 5분 정도 걸어간다.
이탈리아 한인회 웹사이트: http://italy.korean.net

로마 맛보기

로마 맛보기 코스는 비교적 단시간에 전반적으로 로마를 체험하고자 하는 사람들을 위해 설계했다. 로마에 하루만 묵는 단기 여행객이나 로마를 구석구석 살펴보기 전에 로마가 어떤 곳인지 감을 잡고 싶은 장기 여행객에게 모두 유용하다. 맛보기 코스는 로마 시내 주요 관광지를 거의 모두 포함하고 있으며, 본 코스에서 자세하게 소개한 구간도 일부 언급했다. 맛보기 코스를 여유롭게 둘러보려면 적어도 하루는 잡아야 한다. 걷는 거리도 상당한 데다가 로마의 일곱 언덕을 일부나마 오르락내리락하려면 체력도 많이 소모되기 때문이다. 로마처럼 유서 깊은 도시를 만끽하는 데 두 발로 걷는 것보다 더 효과적인 방법은 없다. 하지만 하루 종일 발품을 파는 게 누구에게나 만만한 일은 아니다. 더구나 어린아이를 동반한 여행자나 노약자들에게는 복잡한 로마 시내를 걷는 일은 모험이나 다름없다. 이런 경우, 로마의 주요 관광지를 거의 다 돌아보는 110번 시티투어 버스를 이용하면 편리하다. 로마 맛보기 걷기의 현명한 대안이라 할 수 있다.

로마 맛보기 코스는 고대 로마 유적지 중에서도 가장 유명한 콜로세움 Colosseum에서 출발한다. 콜로세움을 한 바퀴 둘러본 후에는 베네치아 광장까지 이어진 유명한 '황제들의 포룸 거리' 포리 임페리알리 거리 Via dei Fori Imperiali를 따라간다. 200미터 정도 가면 벽돌로 쌓은 높다란 벽 위에 멋진 지도들이 줄줄이 등장한다. 파시스트의 원조라 할 수 있는 무솔리니 Benito Mussolini, 1883~1945가 로마 제국이 확장해 가는 모습을 단계별로 제작하게 한 것이다. 로마 제국이 번성했던 시절의 지

이 지도는 로마 맛보기 코스를 한눈에 볼 수 있게 제작한 것으로, 세부 거리와 관광지는 지도에 빠져 있다.

도를 보면 영토가 스코틀랜드 국경과 페르시아만까지 뻗어 있다. 포리 임페리알리 거리가 끝나면 트라야누스 기념원주 Trajan's Column 와 시장으로 가는 오른쪽 골목으로 들어선다 '2. 포로 로마노와 팔라티노 언덕, 첼리오 언덕' 64쪽 참고. 이곳에서 거대한 비토리오 에마누엘레 2세 기념관 Monumento Nazionale a Vittorio Emanuele II 을 한눈에 감상할 수 있다 '1. 카피톨리노 언덕에서 클로아카 막시마까지' 46쪽 참고. 다시 포리 임페리알리 거리로 약간 돌아가 산 피에트로 거리 Via di S. Pietro in Carcere 를 따라 끝까지 올라간다. 이때 미켈란젤로의 웅장한 걸작, 캄피돌리오 광장 Piazza del Campidoglio 의 끄트머리를 지난다. 여기서 근사한 이중 층계가 돋보이는 팔라초 세나토리오 Palazzo Senatorio 왼쪽으로 돌아가면 포로 로마노 Foro Romano 와 팔라티노 언덕 Monte Palatino 의 멋진 전경을 감상할 수 있는 전망대가 있다.

캄피돌리오 광장으로 되돌아와 카스토르 Castor 와 폴룩스 Pollux 가 말을 잡고 있는 거대한 대리석 조각상을 향한다. 내리막길을 내려가다 오른쪽으로 돌아서 길 끝에 자리한 베네치아 광장 Piazza Venezia 으로 간다. 여기서 콰트로 노벰브레 거리 Via Quattro Novembre 로 들어서자마자 길고 좁다란 산티 아포스톨리 광장 Piazza Santi Apostoli 이 왼쪽에 펼쳐진다 '9. 베네치아 광장에서 산 로렌초 인 루치나 성당까지' 168쪽 참고. 광장 끄트머리의 팔라초 발레스트라 Palazzo Balestra 는 비운의 영국 왕자 보니 프린스 찰리 Bonnie Prince Charlie, 1720~1788 가 태어난 곳이다. 계속해서 오른쪽 바카로 거리 Via del Vaccaro 로 들어선 뒤 필로타 광장 Piazza della Pilotta 을 건너 루케시 거리 Via dei Lucchesi 를 통과한다. 그런 다음, 산 빈첸초 거리 Via di S. Vincenzo 에서 트레비 분수 Fontana di Trevi 가 나올 때까지 곧장 간다 '5. 베네토 거리에서 트레비 분수까지' 118쪽 참고. 트레비 분수는 언제나 관광객들로 발 디딜 틈이 없다. 그 웅장함과 아름다움을 감상하며 잠깐 쉬어 가자. 잠시 숨을 골랐다면 트레비 분수 오른쪽의 스탐페리아 거리 Via della

트레비 분수.

Stamperia를 따라간다. 복잡한 트리토네 거리Via del Tritone를 건너 나차레노 거리Via del Nazareno로 내려간다. 나차레노 대로Largo Nazareno를 지나 산탄드레아 델레 프라테 거리Via di Sant'Andrea delle Fratte로 올라간다. 메르체데 거리Via della Mercede를 건너 프로파간다 피데 거리Via di Propaganda Fide로 내려간 다음 미냐넬리 광장Piazza Mignanelli을 지나면 유명한 스페인 광장Piazza di Spagna과 스페인 계단이 나온다'6. 스페인 계단을 중심으로' 124쪽 참고. 피곤하지 않다면 스페인 계단을 끝까지 올라가 보자. 계단 위에서 바라보는 광장과 로마 시내 전경이 근사하다.

이어서 광장 오른쪽의 바부이노 거리Via del Babuino를 따라가면 포폴로 광장Piazza del Popolo의 오벨리스크가 보인다'6. 스페인 계단을 중심으로' 130쪽 또는 '7. 포폴로 광장에서 산 루이지 데이 프란체시 성당까지' 140쪽 참고. 오벨리스크 뒤에 산타 마리아 델 포폴로 성당Santa Maria del Popolo이 있는데, 문이 열렸다면 꼭 들어가 보기 바란다. 성당은 거의 미술관이라고 해도 좋을 만큼 아름다운 예술 작품으로 가득하다. 그중에서도 카라바조의 작품 두 점이 특히 유명하다. 포폴로 광장에 있는 고급 술집이나 주변

판테온.

거리의 카페에서 잠시 숨을 고르고 가자.

충분히 휴식을 취했다면 리페타 거리Via di Ripetta를 따라 로사티 카페Caffè Rosati를 지난다. 길 끝까지 걸어가서 아라파키스Ara Pacis, 즉 '평화의 제단'을 지나 스크로파 거리Via della Scrofa로 간다. 카라바조의 작품을 보고 싶다면 여기서 오른쪽 산타고스티노 거리Via di Sant'Agostino로 빠져 산타고스티노 성당을 방문한다. 거기서 조금만 더 가면 나오는 산 루이지 데이 프란체시 성당San Luigi dei Francesi에도 카라바조 작품이 세 점이나 있다.

스크로파 거리에서 주스티니아니 거리Via dei Giustiniani로 좌회전하면 로톤다 광장Piazza della Rotonda과 판테온Pantheon이 나온다.'8. 판테온에서 팔라초 알템프스까지' 152쪽 참고. 주스티니아니 거리를 되돌아가 살바토레 거리Via del Salvatore를 따라가다가 리나시멘토 거리Corso del Rinascimento를 건너면 나보나 광장Piazza Navona이 나온다. 바로 이 광장에 로마에서 가장 아름다운 분수 중 하나인 네 강의 분수Fontana dei Quattro Fiumi와 매우 아름다운 바로크 양식의 산타그네세 인 아고네 성당Sant'Agnese in

나보나 광장과 네 강의 분수.

Agone을 만날 수 있다 '8. 판테온에서 팔라초 알템프스까지' 157쪽 참고.

나보나 광장으로 들어왔던 길에서 좌회전해 쿠카냐 거리 Via della Cuccagna로 내려간다. 조그만 산 판탈레오 광장 Piazza di S. Pantaleo을 통과해 분주한 코르소 비토리오 에마누엘레 Corso Vittorio Emanuele를 건넌다. 바울라리 거리 Via dei Baullari를 따라 올라가면 캄포 데 피오리 광장 Campo de' Fiori이 나온다. 주중 오전에는 활발하고 다채로운 장이 서는데, 시간이 있다면 꼭 한번 들러 보자. 바울라리 거리는 광장 맞은편에서 계속 이어지며, 그 끝에는 파르네세 광장 Piazza Farnese이 있다. 장엄하고 아름다운 팔라초 파르네세 Palazzo Farnese로 유명한 곳이다. 고대 로마의 거대한 화강암 욕조로 만든 분수 두 개도 로마에서 가장 아름다운 분수로 손꼽히는 것들이다.

왼편의 카포디페로 거리 Via Capo Di Ferro를 따라 근사한 팔라초 스파다 Palazzo Spada를 지난다. 여유가 있다면 안뜰로 들어가 바로크 건축가 보로미니 Francesco Borromini, 1599~1667의 '트릭 아트'를 감상해 보자. 카포디페로 거리 끝에서 우회전해 페티나리 거리 Via dei Pettinari로 올라간다. 이 길 끝에서 유명한 시스토 다리 Ponte Sisto 를 건너 테베레 강 너머로 간다. 시스토 다리는 1470년대에 건설되어 생긴 지 무려 500년도 더 되었다. 다리를 건너면 트릴루사 광장 Piazza Trilussa 과 트라스테베레 지구 Trastevere 로 길이 이어진다.

트라스테베레 지구를 제대로 돌아보려면 적어도 몇 시간은 잡아야 하지만, 이곳에 도착할 때쯤이면 하루 종일 걸어 다니느라 완전히 기진맥진했을지 모른다. 따라서 남은 시간에는 이 아름다운 구역의 독특한 분위기를 느낄 수 있는 중세 골목과 성당 몇 군데만 둘러보기로 한다. 먼저 트릴루사 광장에서 왼쪽의 모로 거리 Via del Moro 를 따라 끝까지 간다. 우회전해 룬가레타 거리 Via della Lungaretta 로 내려간 다음 산타 마리아 인 트라스테베레 광장 Piazza di Santa Maria in Trastevere 으로 들어서자. 저편에 매우 아름다운 산타 마리아 인 트라스테베레 성당 이 보인다. 실내에 있는 멋진 12세기 모자이크로 유명한 곳이다. 광장 주변에는 다양한 술집과 레스토랑이 많다. 분수의 물줄기나 아이들이 노는 모습을 지켜보면서 목을 축이거나 간식을 먹기에 안성맞춤이다.

룬가레타 거리 왼편의 작은 골목을 통해 산 칼리스토 광장 Piazza di S. Callisto 을 지나 길게 쭉 뻗은 산 프란체스코 아 리파 거리 Via di S. Francesco a Ripa 를 내려가면 끄트머리에 산 프란체스코 아 리파 광장 이 나온다. 좌회전해 아니차 거리 Via Anicia 를 내려가다가 마돈나 델 오르토 거리 Via Madonna del Orto 가 나오면 우회전한다. 이 거리를 따라가다가 산 미켈레 거리 Via di S. Michele 에서 좌회전하면 산타 체칠리아 광장 Piazza di Santa Cecilia 이 나온다. 이곳에 영광스러운 산타 체칠리아 대성당 Basilica di Santa Cecilia 이 있다. 앞으로 갈 길은 멀지만, 성당의 평화로운 안뜰과 정원, 아름다운 9세기 모자이크를 감상하며 한숨 돌리자.

성당을 나와 좌회전해 산타 체칠리아 거리 Via di Santa Cecilia 를 따라가다가 첫 번째로 나오는 제노베시 거리 Via dei Genovesi 에서 다시 좌회전한

저 멀리 티베리나 섬으로 연결하는 파브리치오 다리가 보인다.

다. 조금 더 가다 구불구불 매력적인 델라틀레타 골목길Vicolo dell'Atleta이 나오면 우회전한다. 살루미 거리Via dei Salumi에서 다시 좌회전한 다음, 두 번째 골목에서 우회전하면 피스치눌라 광장Piazza in Piscinula이다. 반대편의 짧은 층계를 오르면 티베리나 섬Isola Tiberina으로 이어지는 다리가 있다'3. 티베리나 섬과 유대 지구' 82쪽 참고. 오른편의 산 바르톨로메오 성당San Bartolomeo을 감상하면서 기원전 62년 고대 로마 시절에 세워진 파브리치오 다리Ponte Fabricio를 건넌다.

강 반대편의 거대한 크림색 시너고그synagogue, 유대교 회당를 오른쪽에 끼고 걷다가 길이 끝나면 좌회전해 옥타비아 문Portico di Ottavia을 통과한다. 포르티코 디 옥타비아 거리Via Portico di Ottavia를 따라 좌회전해 내려가다 두 번째 골목 레지넬라 거리Via della Reginella에서 우회전하면 유명한 거북 분수Fontana delle Tartarughe가 있는 마테이 광장Piazza Mattei이 나온다. 분수 반대편에 파가니카 광장Piazza Paganica과 이탈리아 백과사전 광장Piazza dell'Enciclopedia Italiana이 이어진다. 광장 끄트머리의 아르젠티나 대로Largo Argentina에서 로마 맛보기 대장정을 마무리한다. 이곳의 택시 정거장을 이용해 다음 목적지로 이동한다.

1 _ The Capitol to the Cloaca Maxima

카피톨리노 언덕에서
클로아카 막시마까지: 고대 로마의 심장

카피톨리노 언덕 Monte Capitolino 은 고대 로마와 중세, 르네상스, 19세기와 20세기 역사가 어지럽게 교차하는 흥미로운 공간이다. 고대의 카피톨리노 언덕은 로마 신화에서 하늘의 신 유피테르 Jupiter 신전이 있던 곳으로 로마에서 가장 신성한 장소였다. 유피테르와 더불어 유노 Juno 와 미네르바 Minerva 의 신전도 기원전 509년부터 이곳에 있었는데, 이 삼 신을 한데 묶어 트리아데 카피톨리나 Triade Capitolina 라고 한다. 신전은 여러 차례 재건되면서 매번 더 화려하고 웅장해졌고, 마지막으로 로마 제국의 11대 황제인 도미티아누스 재위 81~96 시절에 금박을 입힌 청동 타일이 더해졌다. 언덕의 모든 건축물은 한때 로마 권력의 중심지였던 포로 로마노 Foro Romano 를 향해 세워졌다. 하지만, 권력의 축은 점차 바티칸 Vatican 과 중세 상업 도시로 이동했다. 이를 상징하여 16세기 미켈란젤로는 웅장한 캄피돌리오 광장을 설계하면서 의도적으로 건축물들이 바티칸을 바라보게 했다. 아름다운 건축물로 둘러싸인 캄피돌리오 광장은 로마에서 가장 빛나는 광장 중 하나다.

이번 코스는 언덕 경사로에 세워진 눈부신 비토리오 에마누엘레 2세 기념관에서 시작해, 미켈란젤로의 걸작인 캄피돌리오 광장을 지나 언덕을 구불구불 내려온 뒤 포로 로마노를 한 바퀴 돌아본다. 그 중간중간 크고 작은 기념비와 흥밋거리도 많다. 가장 오래된 고대 유적지에서부터 매력적인 중세 성당, 여전히 건재한 신전 두 곳, 마지막으로 고대 로마 제국의 대수로가 테베레 강으로 흘러들어가는 지점까지 둘러볼 것이다.

비토리오 에마누엘레 2세 기념관.

❶ 하얗게 빛나는 거대한 비토리오 에마누엘레 2세 기념관Monumento Nazionale a Vittorio Emanuele II은 설계 후 줄곧 사람들에게 만감이 교차하는 격렬한 감동을 불러일으켰다. 1885년에 건설을 시작해 완공하는 데 무려 45년이 걸렸다. 설립 목적은 이탈리아가 통일된 단일 국가로 재출발하는 것을 축하하고, 국가의 자부심과 애국심을 고취하기 위함이었다. 로마 제국이 무너진 이후 이탈리아는 여러 국가로 분열되었고, 각 나라의 국경선은 시대마다 변했다. 로마가 이탈리아 수도가 된 것은 1870년에 이르러서였다. 당시 로마를 수도로 선포한 왕이 바로 비토리오 에마누엘레 2세Vittorio Emanuele II, 1820~1878였다. 그리고 그때부터 이탈리아의 길고 힘난한 통일 시도는 31년 동안이나 계속됐다. 우아하게 늘어선 열주, 끊임없이 이어지는 높은 층계, 힘찬 청동 이륜 전차와 말 조각상, 눈부신 흰색과 반짝이는 대리석이 주는 효과는 로마의 중심이자 상징으로 손색이 없다. 기념관의 겉모습은 다소 과장되기는 했어도 고대 로마의 영광을 재현한 것이다. 걸어서 올라갈 수 있는 데까지 최대한 높이 올라가 보자. 다양한 테라스에서 바라보는

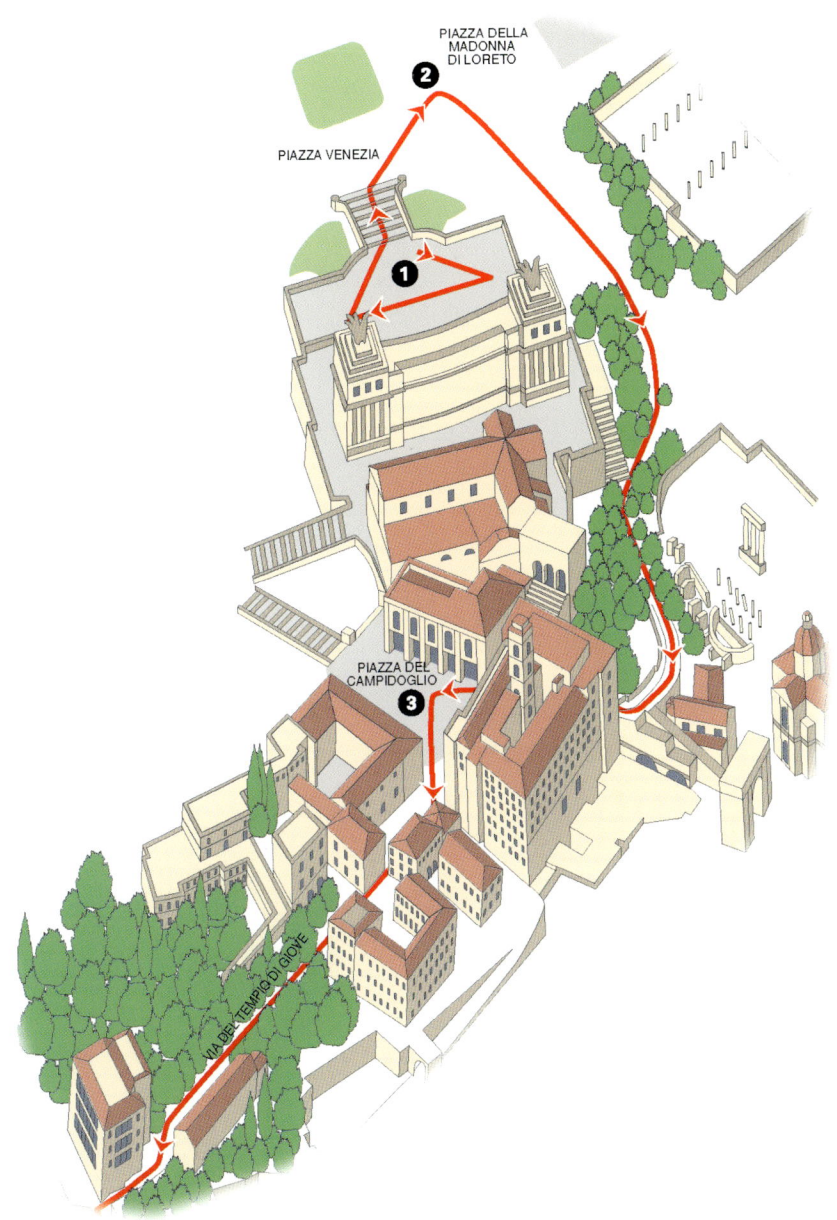

풍경이 매우 멋지다. 기념비 뒤쪽의 꽤 비싼 유료 승강기를 타면 기념비의 가장 높은 곳까지 올라갈 수 있다. 그곳에서 바라보는 로마 시내의 풍경은 어떤 곳과도 비교할 수 없는 장관이다.

❷ 기념관에서 오른쪽으로 돌아 가파른 산 피에트로 거리Via di S. Pietro in Carcere나 더 가파른 카피톨리나 아치 층계Scala dell' Arce Capitolina를 따라 언덕 꼭대기의 캄피돌리오 광장Piazza del Campidoglio으로 간다. 위대한 예술가 미켈란젤로Buonarroti Michelangelo, 1475~1564가 설계한 이 광장은 뛰어난 조화미와 세련된 정제미를 자랑한다. 광장에 들어서기 전 오른쪽으로 이어지는 층계를 계속 오르면 로마에서 아름답기로 손꼽히는 중세 성당 산타 마리아 인 아라코엘리 대성당Basilica di Santa Maria in Aracoeli이 있다. 아라코엘리는 '하늘 제단'이라는 뜻이다. 이 거대한 성당은 13세기 말에 세워졌는데, 그 시대 건물치고 매우 밝은 색조를 띠는 것이 특징이다. 금박을 입힌 격자 모양의 화려한 천장과 '작은 예술가' 핀투리키오Pintoricchio, 1454~1513가 프레스코 벽화로 장식한 아름다운 부팔리니 예배당Cappella Bufalini, 왼쪽 마지막 예배당이 유명하다. 기적을 일으킨다고 알려진 사랑스러운 아기 예수상도 잊지 말고 찾아보자. 성당을 나오면 맞은편 테라스에서 성당의 엄숙하고 소박한 파사드를 감상해 보자. 성스러운 성당에 이르는 공식 통로인 124개의 가파른 계단을 오르면 또 다른 멋진 풍경을 감상할 수 있다.

❸ 다시 캄피돌리오 광장으로 돌아가자. 광장을 마주 보고 있는 우아한 저택들은 카피톨리니 미술관Musei Capitolini이다. 세계에서 손꼽히는 오래된 국립 미술관 중 하나이며, 로마에서 가장 흥미롭고 다양한 보물급 전시를 볼 수 있다. 에트루리아Etruria의 청동 조각상 〈카피톨리노의 늑대〉, 헬레니즘 시대의 청동상 〈가시를 뽑는 소년〉, 대리석 조

산타 마리아 인 아라코엘리 대성당(위 사진의 왼쪽 건물)과 캄피돌리오 광장(아래).

각 〈죽어가는 갈리아인〉, 콘스탄티누스 대제의 거대한 대리석 두상 높이가 2.6미터에 이른다.이 특히 유명하다. 그 밖에도 아름다운 회화 작품과 도자기, 고대 로마의 섬세한 모자이크 작품이 있으며, 셀 수 없이 많은 흉상과 유피테르 신전이 서 있던 거대한 연단 등 흥미로운 소장품으로 가득하다. 광장 뒤편에는 더없이 아름다운 시청사 팔라초 세나토리오 Palazzo Senatorio 가 있는데 이곳에 시의회와 시장 사무실이 있다. 광장 중앙의 거대한 청동상은 유명한 로마 황제 마르쿠스 아우렐리우스 Marcus Aurelius, 121~180 다. 광장에 비바람을 맞고 서 있는 청동상은 복제품이며, 진품은 미술관 안에 있다. 사실상, 고대 로마 시대의 청동상은 현재 거의 남아 있지 않기 때문에 아우렐리우스의 청동상은 매우 진귀한 유물이다. 한때 로마 시내 전역에 수백 개가 넘게 있던 고대 청동상들은 다 어디로 갔을까? 답은 간단하다. 동상이 세워진 지 어느 정도 시간이 지나면 청동을 다시 녹여 다른 용도로 사용했기 때문이다. 또한, 기독교가 자리 잡은 이후에는 그나마 남아 있던 동상들도 우상 파괴를 위해 제거되었다. 마르쿠스 아우렐리우스 청동상이 이러한 운명을 벗어날 수 있었던 까닭은 오랫동안 사람들이 이 청동상을 첫 기독교 황제인 콘스탄티누스 대제 Constantine the Great, 274~337 의 조각상으로 잘못 알고 있었기 때문이다.

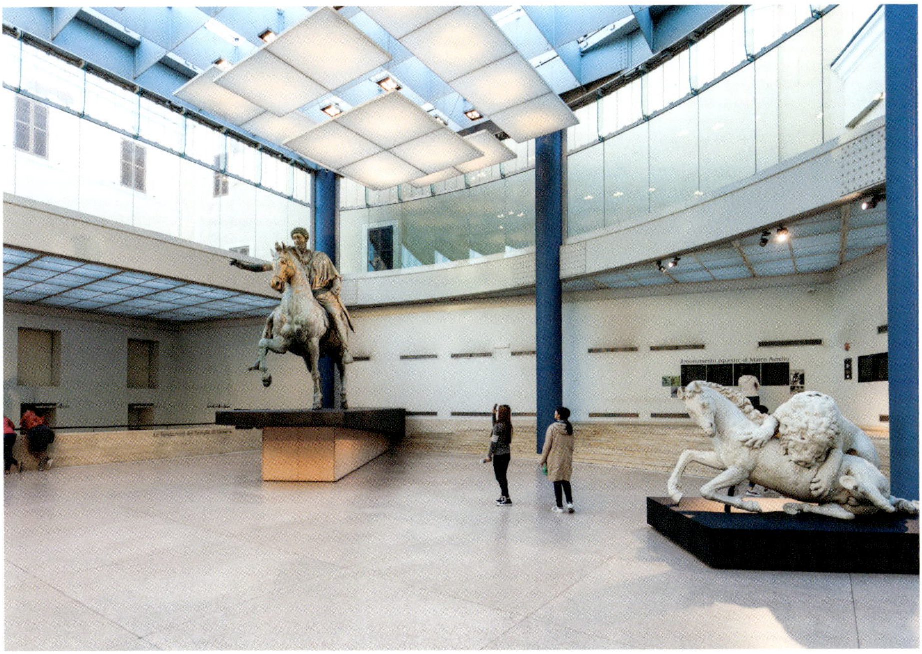

캄피돌리오 광장의 마르쿠스 아우렐리우스 청동상(위)과 카피톨리니 미술관 내부 모습(아래).

산타 마리아 델라 콘솔라치오네 성당.

❹ 세나토리오 저택 오른편에 있는 층계를 올라 꼭대기 건물을 통과하면 지오베 신전 거리 Via Tempio di Giove가 있다. 혹시 이 경로가 막혀 있다면, 포로 로마노로 향하는 캄피돌리오 거리 Via del Campidoglio에서 타르페오 언덕길 Via Monte Tarpeo이 나오면 우회전한다. 여기서 콜로세움을 배경으로 한 포로 로마노의 멋진 풍경을 감상할 수 있다. 오르막길 끝에서 다시 우회전하면 지오베 신전 거리다. 길 오른쪽이 신전이 있던 구역이다. 길 끝까지 직진한 뒤 '빌라 카파렐리 거리 Via di Villa Caffarelli'라는 간판 옆의 문을 통과해 계단을 내려간다. 이 부근에 테라스 전망대와 산책로가 여러 군데 있다. 언덕 아래까지 곧장 내려가 비코 유가리오 Vico Jugario에서 좌회전해 산타 마리아 델라 콘솔라치오네 성당 Santa Maria della Consolazione이 있는 광장까지 올라간다. 우아한 단철 구조물을 좋아한다면 들어가 보자. 오른쪽과 왼쪽 세 번째 예배당에 16세기와 17세기에 만들어진 철제문 두 쌍이 매우 아름답다. 성당을 지나 포로 로마노가 나올 때까지 포로 로마노 거리 Via Foro Romano를 따라 곧장 간다.

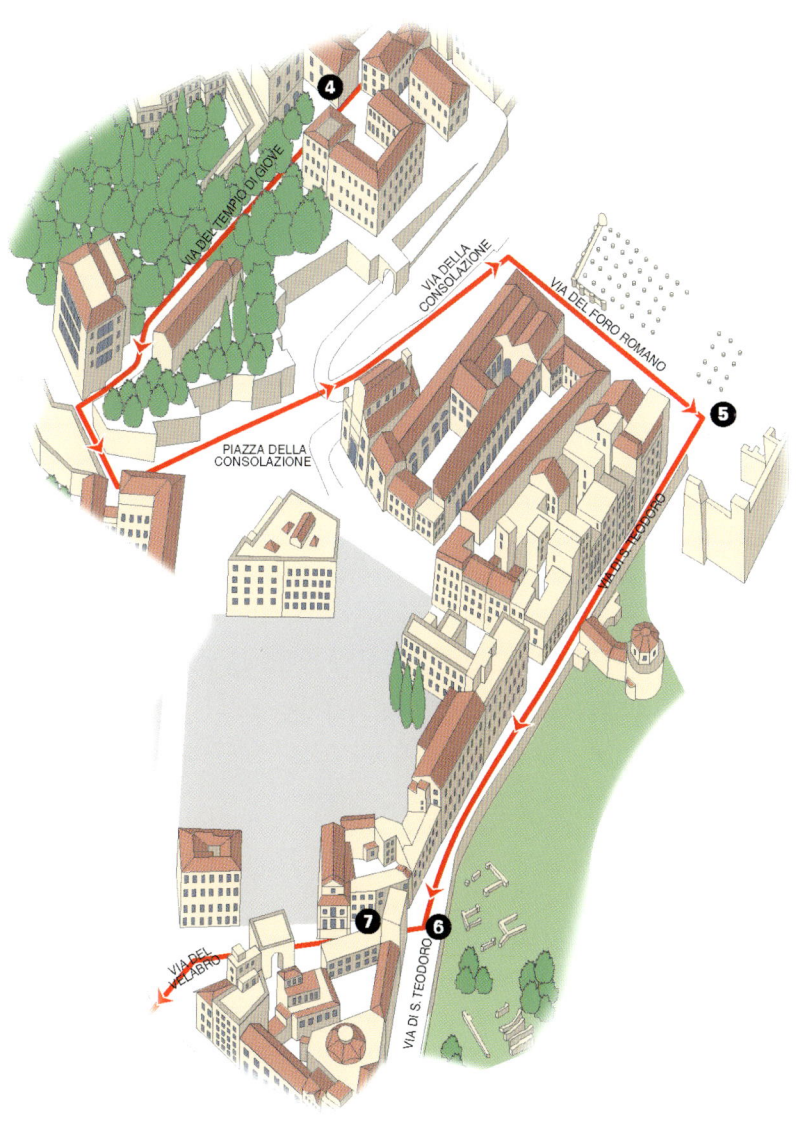

산 조르조 알 벨라브로 성당의 외부. 로마네스크 양식의 종탑이 보인다.

❺ 산 테오도로 거리 Via di San Teodoro 에서 우회전해 내려가면 산 테오도로 성당 San Teodoro 이 있다. 계단 아래 마당에 매력적으로 자리 잡은 이 성당은 5세기에 처음 건설되었다. 15세기에 이루어진 재건 작업에도 불구하고 여전히 5세기의 고색창연한 모습이 부분적으로 남아 있다. 하지만 성당 안은 특별히 볼 게 없으니 그냥 지나쳐도 좋다.

❻ 오른쪽으로 좀 더 가서 벨라브로 거리 Via del Velabro 로 들어서면 곧이어 매혹적인 산 조르조 알 벨라브로 성당 San Giorgio al Velabro 이 나온다. 그 기원이 9세기까지 거슬러 올라가는 매우 오래된 성당이다. 주랑 현관과 로마네스크 양식 종탑이 꽤 멋지다. 고전 양식을 그대로 간직한 섬세한 입구에 들어서면 평화로운 실내가 조용히 반겨 준다. 복도에는 다양한 양식이 혼합된 열주가 늘어서 있다. 어떤 것은 주름 장식을 한 대리석으로 제작되었고, 어떤 것은 화강암이다. 기둥머리 양식도 가지각색이다. 중앙 제단은 코스마테스크 양식의 화려한 모자이크 작품이다.

산 조르조 알 벨라브로 성당의 중앙 제단.

❼ 성당을 나와 우회전하면 특이하게 생긴 작은 아치가 나온다. 아치는 204년에 세워진 아르코 델리 아르젠타리 성당Arco Degli Argentari과 연결된다. '아르젠타리'는 화폐 교환 길드조합를 뜻한다. 성당을 지을 때 돈을 댄 것은 아르젠타리지만, 완공된 성당은 셉티미우스 세베루스 황제Septimius Severus, 145~211와 율리아 돔나 황후Julia Domna, 170~217, 그리고 후에 차례로 황제가 된 그들의 황태자 제타Geta, 189~211와 카라칼라Caracalla, 188~217에게 헌정되었다. 성당 안에는 세베루스 황제와 황후, 카라칼라의 초상화가 있다. 제타는 형 카라칼라의 사주로 암살당한 뒤 초상화가 지워졌다.

야누스의 아치. 로마에 남아 있는 유일한 4면 개선문이다.

❽ 성당 뒤편에 야누스의 아치Arch of Janus로 알려진 4면 아치가 있다. 4세기에 건설된 것으로 추정되는 이 엄숙한 정사각형 구조물은 이 주변 대부분을 차지했던 고대 로마의 가축 시장Forum Boarium으로 들어가는 입구 역할을 했다고 한다.

❾ 야누스의 아치 뒤에는 다소 모양 없는 열린 공간이 있다. 사방에서 차량이 몰려드는 보카 델라 베리타 광장Piazza Bocca della Verità이다. 광장 왼쪽 건물은 8세기에 세워진 산타 마리아 인 코스메딘 성당Santa Maria in Cosmedin이다. 종탑은 성당이 완성된 지 한참 후에 추가됐다. 성당 내부는 고대 석조 공예와 흥미로운 바닥 장식, 주교의 의자 등이 볼만하다. 하지만 이 성당에서 가장 유명한 것은 '진실의 입' 보카 델라 베리타Bocca della Verità이다. 꽤 무시무시한 얼굴을 한 진실의 입은 원래 고대 로마 배수로의 덮개였다. 지금은 어쩌다 보니 성당 정문에 자리하게 되었다. 전설에 따르면 진실의 입 안에 손가락을 집어넣고 거짓말을 하면 진실의 입이 손가락을 깨문다고 한다. 이 재미있는 전설의 현

산타 마리아 인 코스메딘 성당
입구에 있는 '진실의 입'.

장을 관광객들이 그냥 지나칠 수 있으랴. 관광 안내 책자들도 앞다투어 이곳을 소개한다. 오늘도 전 세계에서 몰려든 수많은 관광객이 '진실의 입' 안에 손가락을 집어넣고 사진을 찍는다. 물론, 차례가 오려면 줄을 서서 한참 기다려야 한다.

❿ 길 건너편에는 베르니니풍의 예쁘장한 트리토네 분수Fontana del Tritone가 있다. 비차케리Carlo Francesco Bizzaccheri, 1656~1721의 1715년 작품이다. 분수 너머에는 한 쌍의 작은 신전이 있는데 하나는 둥글고 하나는 직사각형이다. 둘 다 로마에 현존하는 가장 오래된 기념비적 건축물이다. 수많은 회화 작품과 스케치, 인쇄물에 등장하는 둥근 신전은 많은 사람이 '화로의 여신' 베스타 신전Tempio di Vesta으로 잘못 알고 있다. 실제로는 '승리자 헤라클레스의 신전'으로 기원전 2세기 말에 세워졌다. 직사각형 신전은 한때 '운명과 행운의 여신' 포르투나 비릴레 신전Tempio di Fortuna Virile으로 잘못 알려졌으나, 실제로는 '강의 신' 포르툼누스 신전Tempio di Portumnus인 것으로 밝혀졌다. 헤라클레스 신전보다 약간 늦게 건설된 것으로 추정된다. 오늘날 두 신전은 협죽도와 초목으로 둘러싸여, 차량과 인파의 소용돌이를 벗어난 매력적인 도심 속 오아시스 역할을 하고 있다.

산타 마리아 인 코스메딘 성당과 트리토네 분수(위), 승리자 헤라클레스의 신전과 강의 신 포르투누스 신전(아래).

건축 양식이 흥미로운 크레센치 저택.   기원전 2세기에 건설한 로토 다리. 16세기 이후 복구를 중단했다.

⓫ 광장 반대편에 특이하게 생긴 건물이 하나 있다. 대부분 고전 양식으로 복구된 이 건물은 크레센치 저택Casa dei Crescenzi으로 알려졌다. 크레센치 가문은 중세 로마 시절 저명한 귀족이었다. 저택은 11세기 중반에 건설된 것으로 추정된다. 저택 왼쪽 오르막길을 오르면 강둑을 따라 길이 이어진다. 이 지점에서 길을 건너는 게 쉽지는 않지만, 건너편 팔라티노 다리Ponte Palatino로 넘어간다. 이 다리의 차량 진행 방향은 영국처럼 왼쪽이다. 오른쪽에 서양풍조목으로 뒤덮인 채 버려진 다리가 있다. 흔히 '부서진 다리'라는 뜻의 로토 다리Ponte Rotto로 불린다. 기원전 181~179년 사이 고대 로마의 첫 번째 석조 다리가 이곳에 세워졌다. 하지만, 이 지역은 홍수가 날 때마다 물살이 유별나게 거세어 석조 다리가 몇 번이나 무너졌다 복구되기를 반복했다. 16세기에 미켈란젤로와 다른 건축가들이 또 한 번 복구를 시도했는데, 1598년 끔찍한 홍수가 로마를 덮치면서 다리는 또다시 파괴되고 말았다. 그때 이후로 로토 다리는 지금까지 몇백 년을 버려진 채 남아있다.

클로아카 막시마를
알리는 표지판.

⓬ 다리 오른쪽에는 강가로 내려가는 층계가 있다. 다리 아래 강둑길을 걸어가다 보면 금방 클로아카 막시마Cloaca Maxima 입구가 나온다. 기원전 6세기에 건설되어 아직까지도 사용되고 있는 대단한 하수구다. 오랜 세월 열심히 더러운 하수도 물을 쏟아내며 제 임무를 다하고 있지만, 오늘날 클로아카 막시마는 무화과나무만 무성한 채 방치되어 다소 침울하고 을씨년스러운 분위기를 풍기고 있다.

거의 방치된 상태로 있는 클로아카 막시마.

2 _ The Forum, Palatine and Caelian Hill
포로 로마노와 팔라티노 언덕, 첼리오 언덕: 살아 있는 고고학

트라야누스 기념원주는 보는 이의 입이 딱 벌어지게 하는 예술 작품이다. 빼어난 로마 건축 유산을 탐사하는 이번 코스에서 이보다 적절한 출발점은 없을 것이다. 우리가 만나게 될 건축 유산이 대부분 폐허이긴 하지만, 흔적만으로도 고대 로마의 건축술과 공예술 등 엄청난 수준의 미학을 보여주는 데 부족함이 없다. 콜로세움의 강렬한 카리스마는 말이 필요 없다. 포로 로마노로마 포룸와 팔라티노 언덕 주변의 집들과 신전들은 사실상 변한 게 거의 없다. 이곳을 거닐다 보면 당장이라도 토가고대 로마 시민이 입던 헐렁한 겉옷를 걸친 귀족이 나타나 한바탕 연설을 펼칠 것 같다.

이번 코스는 고대 로마를 보여주는 역사책이라 할 수 있다. 로물루스가 쌍둥이 형제 레무스를 죽이고 로마를 건설한 곳이며, 율리우스 카이사르Gaius Julius Caesar, B.C. 100~B.C. 44가 암살당했을 때 마르쿠스 안토니우스Marcus Antonius, B.C. 83~B.C. 30가 유명한 연설을 했던 곳이다. 이 코스는 아이들과 함께하기도 좋다. 아이들은 로마 시내의 인파를 벗어나 팔라티노 언덕과 포로 로마노를 마음껏 뛰어다닐 수 있으며, 고대 로마의 폐허와 유적지를 말 그대로 '실제' 경험할 수 있다. 반면, 어른들에게 이곳은 기분이 한껏 들뜨다가도 돌연 정신이 번쩍 들게 하는 장소가 될 것이다. 그토록 강력했던 문명의 흥망성쇠가 현실감 있게 다가오니 말이다.

포로 트라이아노. 중심에 트라야누스 기념원주가 보인다.

❶ 포로 트라이아노Foro Traiano, 트라야누스 포룸은 로마 제국이 마지막으로 건설한 가장 큰 공공 광장이다. 110년대 초 트라야누스 황제가 다키아와 전쟁을 치르면서 완성했다. 당시 로마 시민 사회의 중심은 포로 로마노였는데, 빠르게 늘어나는 로마의 인구를 감당하지 못해 포화 상태에 이르렀다. 트라야누스 황제는 그 해결책으로 포로 로마노보다 더 큰 포룸을 건설하게 했다. 빛나는 청동과 금, 반들거리는 다채로운 대리석으로 화려하게 장식했던 포로 트라이아노은 대단한 장관이었을 것이다.

오늘날 폐허가 된 포로 트라이아노를 보고 있자면 옛 모습을 상상하기 어렵지만, 트라야누스 기념원주Trajan's Column 만은 여전히 그때의 영광을 증명하고 있다. 40미터 높이의 기둥과 그 기둥을 나선형으로 타고 올라가는 약 2천500개의 부조 작품은 참으로 놀라운 광경이다. 기념주치고는 매우 이색적으로 다키아 전쟁을 꽤 정확하게 묘사하고 있다. 18개의 대리석 덩어리로 이루어진 기념주는 원래 채색되어 있

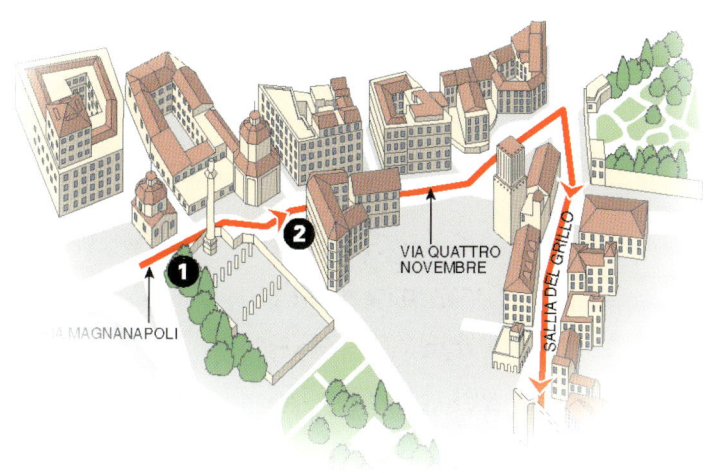

트라야누스 기념원주에 새겨진
부조 작품의 세부 모습.

었으며, 트라야누스 황제의 동상이 그 꼭대기를 장식하고 있었다. 오늘날 우리가 보는 것은 1587년에 대체된 성 베드로 St. Peter 동상이다. 트라야누스 황제의 동상은 사라졌지만, 황제의 유골은 여전히 기념주 바닥 묘실에 안치되어 있다. 기념주 옆의 거대한 붉은 벽돌 단지는 트라야누스 시장 Mercati di Traiano 유적지다. 고대 로마 제국의 일상을 가늠해 볼 수 있을 만큼 보존 상태가 좋다.

❷ 기념주 맞은편의 마냐나폴리 거리Via Magnanapoli 층계를 올라 콰트로 노벰브레 거리Via Quattro Novembre로 간다. 오르막길을 계속 걷다 보면 오른쪽에 제국 포룸 박물관Museo dei Fori Imperiali을 지난다. 교차로에서 아름다운 도미니크회 성당을 왼쪽에 두고 우회전한다. 안젤리쿰 대로Largo Angelicum를 건너 살리타 델 그릴로Salita del Grillo로 가면 그릴로 광장Piazza del Grillo의 빛바랜 장관을 만날 수 있다. 계속 직진하면 토르 데 콘티 거리Via Tor de' Conti가 이어지는데, 여기서 오른쪽으로 돌아보면 갑작스럽게 펼쳐지는 트라야누스 시장 전경이 신비롭다. 여기저기 쓰러진 거대한 기둥들의 규모만 보아도 트라야누스의 원대한 야심을 짐작할 수 있다. 게다가 여기까지 오는 관광객은 거의 없기 때문에 모처럼 한적함을 맛볼 수 있을 것이다.

고대 로마인들의 일상을 가늠해 볼 수 있는 트라야누스 시장 유적지.

로마 제국의 가장 위대한 공공 광장, 포로 로마노.

❸ 토르 데 콘티 거리를 계속 가다 보면 코라도 리치 대로Largo Corrado Ricci와 만난다. 여기서 우회전해 난간까지 가면 포로 로마노Foro Romano, 로마 포룸를 내려다볼 수 있다. 먼발치에서도 난간에 기대어 사진을 찍으려는 관광객들을 볼 수 있다. 그 왼쪽에 늘어선 긴 줄은 포로 로마노로 입장하려는 관광객들이다. 운 좋게 난간에 자리가 난다면 로마 제국의 가장 위대한 공공 광장의 대단한 전경을 마음껏 감상하길 바란다. 포로 로마노는 로마의 네 언덕 한가운데 공터에 자리 잡은 로마 제국의 정치, 문화, 상업의 중심지였다. 1천 년에 걸쳐 중축되고 확장된 포로 로마노를 보면 로마 제국 시민 사회의 일상을 조금이나마 상상해 볼 수 있다. 오늘날 이곳에 모여든 관광객들이 열광하는 모습은 수십 세기 전 이곳에 몰려들었던 로마 군중의 활기와 열기에 비하면 아무것도 아니리라. 키케로Cicero, B.C. 106~B.C. 43 같은 위대한 정치 철학가가 웅변하고 다니던 포로 로마노는 로마 시민의 안방이자 식당이자 놀이터였으며, 성소이자 재판소이자 시장이었다.

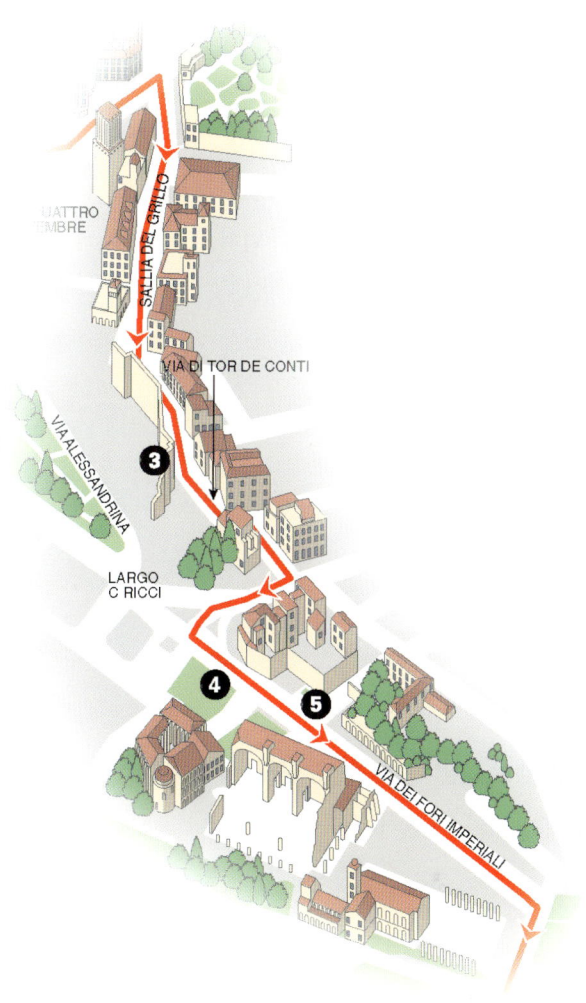

❹ 로마까지 이 먼 길을 왔는데 포로 로마노와 팔라티노 언덕, 콜로세움 통합 입장권16유로(2020년 기준) 정도는 부디 아깝게 생각지 말자. 통합 입장권 구매 시 시간을 절약하고 싶다면 항상 긴 줄이 늘어선 포로 로마노나 콜로세움 매표소는 건너뛰고 조금 위쪽에 있는 비교적 한적한 팔라티노 매표소를 이용하자. 이때 팔라티노에서 관람을 시작해 포로 로마노까지 되돌아간 다음, 포로 로마노에서 멀지 않은 콜로세

움까지 구경하면 된다. 통합 입장권을 사면 로마 시내의 주요 관광지를 자세하게 안내한 관광 지도도 받을 수 있다. 물론, 로마를 더욱 알차게 여행하고 싶다면 이보다 상세한 여행 안내서가 한 권 정도는 더 있어야 한다. 하지만 안내서에 얽매이기보다 발길 닿는 대로 돌아다니며 헤매 보는 것도 여행의 큰 재미다. 고대 로마의 폐허는 복잡하긴 하지만 어딘가 감동적인 구석이 있다. 그 거대한 규모 덕분에 우리가 만물을 보는 관점까지 달라진다. 고대 로마 유적지에서는 누구나 철학자가 된다.

❺ 팔라티노에서 통합 입장권을 샀다는 가정 아래, 콜로세움Colosseum으로 일정을 계속 이어가겠다. 팔라티노 입구에서 포로 로마노를 마주 보고 섰을 때 왼쪽으로 향한다. 바로 길을 건너지 말고 조금만 더 가면 오른쪽에 베스파시아누스 황제Vespasianus, 9~79의 '평화의 포룸'에 세워진 산티 코스마 에 다미아노 성당Santi Cosma e Damiano이 있다. 외양은 그다지 호감은 안 가지만, 콜로세움 구경은 잠깐만 미루고 안으로 꼭 들어가 보자. 햇볕이 잘 드는 아름답고 고요한 마당과 정원을 지나면 환상적으로 꾸며진 성당 실내를 감상할 수 있다. 매력적인 모자이크 작품은 꽤 현대적인 감각을 자랑한다. 사실상 이 작품은 고대 로마가 아니라 비잔틴 양식의 6세기 작품이다. 그 뒤편의 거대한 창문 밖을 내다보면 기원전 3세기에 세워진 유피테르 신전이 있다.

평화의 포룸에 세워진 산티 코스마 에 다미아노 성당.

콘스탄티누스 개선문.

❻ 평화의 포룸 유적지를 오른쪽에 두고 콜로세움으로 계속 나아간다. 이때 왼쪽에 나오는 자그마한 포룸 박물관은 무료로 입장할 수 있다. 목을 축이거나 아이스크림을 먹으며 지친 다리를 쉬어 가기도 좋다. 콜로세움에 가까워질수록 그 유명한 거대한 개선문이 오른편에 보이기 시작한다. 개선문으로 다가가 오른쪽 포룸 단지 쪽을 돌아보면 티투스 개선문Arco di Titus의 멋진 모습이 한눈에 들어온다. 예루살렘 함락을 경축하기 위해 81년에 세워졌다. 한편, 우리 눈앞에 있는 개선문은 로마에서 가장 크고 가장 잘 보존된 콘스탄티누스 개선문Arco di Costantino이다. 312년 밀비오 다리 전투에서 막센티우스 황제Maxentius, 278~312에 맞서 싸웠던 콘스탄티누스 대제Constantinus Augustus, 274~337에게 바쳐진 것이다. 개선문 중앙에는 오랜 풍화 작용 탓에 알아보기는 어렵지만 '신의 뜻대로'라는 의미의 'instinctu divinitatis' 글자가 새겨져 있다. 당시 새롭게 받아들였던 기독교 신을 로마 제국이 공식적으로 언급한 첫 번째 기념비다.

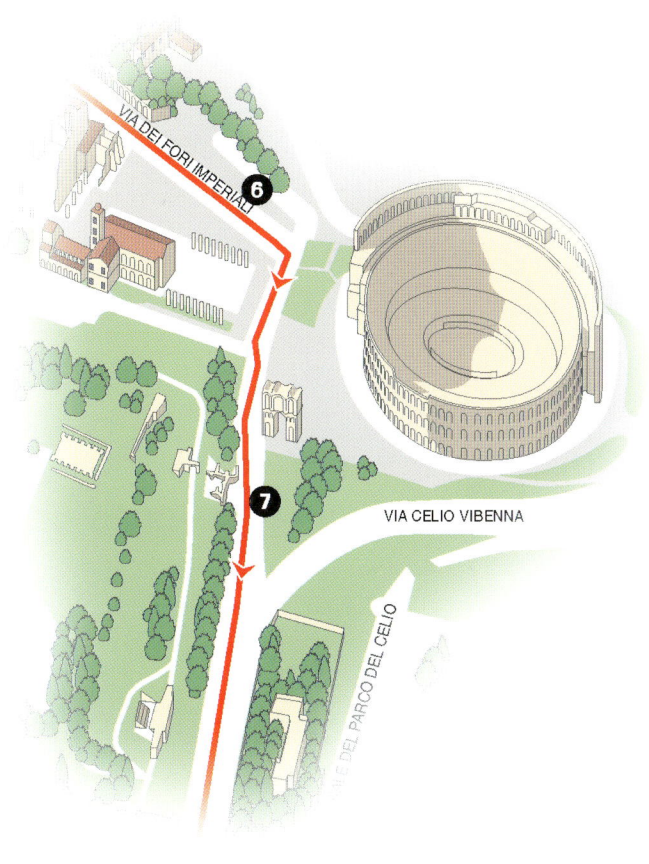

티투스 개선문.

❼ 콘스탄티누스 개선문을 지나 직진하면 오른쪽에 팔라티노 입구가 다시 나온다. 팔라티노 언덕 Monte Palatino 의 폐허는 늑대가 로물루스와 레무스 형제를 먹여 살렸다는 유명한 동굴부터 호화찬란한 황제의 궁전까지, 고대 로마 제국의 흥망성쇠를 그대로 담고 있다. 당시 건축물들이 워낙 다닥다닥 붙어 있었기 때문에 오늘날 집터만 남은 언덕 유적지는 마치 벌집 같은 모양을 하고 있다. 이 언덕에는 무려 기원전 1000년부터 사람들이 살았다고 한다. 고대 전설에 따르면 로물루스는 레무스를 죽이고 이 언덕에 로마를 세웠다. 로마라는 이름도 바로 로물루스에서 기원한 것이다. 팔라티노는 그토록 깊은 역사를 간직한 언덕치고 무심할 정도로 평화롭고 한적하다. 여기저기 새들이 노래하고 들꽃이 만발해 언덕 전체가 은은한 향으로 가득하다. 고대 로마의 황제와 부유한 귀족들이 왜 이곳에 보금자리를 틀었는지 알 것도 같다.

팔라티노 언덕은 그 엄청난 규모 덕분에 아무리 방문객이 몰려도 비교적 한산한 분위기와 널찍한 공간을 만끽할 수 있다. 인파에 치이지 않고 반쯤 쓰러진 유적지 사이를 어슬렁거릴 수 있는 멋진 기회다. 게다가 이 유적지는 어떤 차단막이나 보호 장치도 없이 노출되어 있어서 다른 유적지와 달리 직접 만지고 느껴볼 수 있다. 접근을 제한하는 유적지가 단 한 곳 있는데, 바로 도미티아누스 원형 경기장이다. 어찌나 보존이 잘됐는지 굳이 힘들게 상상력을 발휘하지 않아도 당시 검투사들로 가득한 운동장을 눈앞에 그려 볼 수 있다.

팔라티노 언덕 전경(위)과 도미티아누스 원형 경기장(아래).

로마 최초로 세워진 대전차 경기장.

❽ 팔라티노 입구로 나와 우회전해 산 그레고리오 거리 Via di San Gregorio로 간다. 꽤 시끄럽고 지저분한 길이지만 조금만 가면 유명한 대전차 경기장 Circo Massimo이 나온다 지도 밖. 로마 최초로 세워진 이 경기장은 로마에서 가장 큰 전차 경기장이기도 하다. 오늘날 과거의 영광은 쓸쓸한 그림자로만 남았지만, 남아 있는 구조물과 관중석의 엄청난 규모만 보아도 여전히 놀랍다. 당시 로마 인구의 4분의 1에 해당하는 30만 명까지 수용할 수 있었다고 한다.

❾ 대전차 경기장을 뒤로하고 왔던 길을 마주한 채 우회전한다. 왼쪽에 계단으로 둘러싸인 2층짜리 붉은 벽돌 건물이 나오면 맞게 가고 있는 것이다. 건물 뒤로 이어지는 계단은 무시하고 왼쪽으로 난 길을 따라간다. 머지않아 오른쪽에 산 그레고리오 마뇨 수도원 Monastero di San Gregorio Magno al Celio이 나타난다 지도 밖. 수도원을 지나 계속 가면 길은 클리보 디 스카우로 Clivo di Scauro로 이어지고 여기서 우회전해 오르막

길을 오르면 왼편에 카세 로마네 델 첼리오 Case Romane del Celio 가 있다. '첼리오 언덕의 고대 로마 가옥들' 유적지다. 포로 로마노와 팔라티노 언덕이 정치·사회·문화적 웅장함을 뽐냈다면, 고대 로마 가옥들은 로마인들의 일상적 주거 생활 양식을 가늠할 수 있게 해준다. 고고학 발굴 작업으로 이 지역에 20개가 넘는 방들이 드러났다. 건설 시기는 4세기부터 13세기까지 다양하다. 몇몇 방들은 매우 화려하게 장식되어 있으며, 벽화도 매우 정교하다. 금방 지나쳐온 폐허에 비하면 아담한 규모라 둘러보는 데도 부담이 없다.

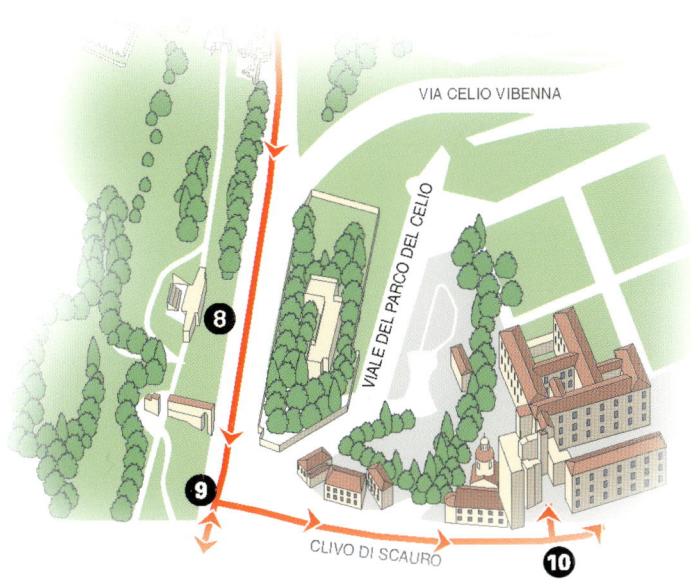

❿ 다음 목적지는 카세 로마네 왼편에 있는 산티 조반니 에 파올로 대성당Santi Giovanni e Paolo이다. 성당 내부 장식은 대단히 매혹적이다. 수십 개의 화려한 유리 샹들리에와 중앙 복도에 주름 장식을 한 꽃 받침대들이 늘어선 것을 보면 이 성당이 결혼식장으로 인기가 높은 이유를 알 수 있다. 아름다운 붉은 벽돌 탑 옆의 문을 통과하면 시원하고 어두컴컴한 공간이 나온다. 여기서 고대 로마 건축물의 거대한 기초를 내려다볼 수 있다. 고대 로마 사람들의 남다른 건축 규모를 고려하면 이 정도 기초 공사는 기본이었을 것이다.

성당을 나와 왼쪽으로 가면 첼리몬타나 저택Villa Celimontana의 예쁘장한 하얀 대문이 나온다. 이 문을 통과하면 잘 가꾼 산책로가 인상적인 싱그러운 첼리오 공원이 이어진다. 어디를 가나 사람과 소음으로 시끌벅적한 로마 시내를 생각하면, 이 공원은 감격스러울 정도로 조용하다. 관광객보다는 현지 주민들이 조깅을 하거나 점심 도시락을 먹는 모습을 많이 볼 수 있다. 아이들은 이곳에서 당나귀 타기를 체험할 수 있으며, 공중화장실도 있다. 지하철역이 있는 콜로세움으로 돌아가기 위해서는 첼리몬타나 저택의 하얀 대문에서 우회전해 산 파올로 델라 크로체 거리Via San Paolo della Croce로 올라간 다음 길 끝에서 좌회전해 클라우디아 거리Via Claudia로 내려간다. 조금만 가면 콜로세움의 장관이 눈앞에 다시 펼쳐질 것이다.

산티 조반니 에 파올로 대성당(위)과 콜로세움(아래).

3 _ The Isola Tiberina and the Jewish Ghetto
티베리나 섬과 유대 지구: 두 개의 섬

이번 코스는 고대 로마 제국의 중요한 역사 지구인 카피톨리노 언덕 밑자락을 지그재그로 돌아볼 것이다. 이 지역 대부분은 42년간 로마 제국을 통치한 아우구스투스 황제Augustus, 재위 B.C. 27~A.D. 14가 그의 가족과 친척을 기리며 재정비했다. 아우구스투스 황제는 자신은 벽돌로 된 도시를 물려받았지만 후세에는 대리석으로 된 도시를 물려주겠다고 호언장담했다. 그 의지와 노력이 가장 집중되고 빛을 발한 곳이 바로 이번 코스다. 중세에 이곳은 좁다란 골목과 다닥다닥 붙은 주택, 그림 같은 광장들로 채워졌다. 그중 많은 부분이 오늘날에도 건재하다. 중세 후에는 거대한 저택과 성당이 길모퉁이마다 우뚝 솟았다. 로마의 유대 지구도 바로 이곳에 있는데, 강가를 따라 건설된 저지대라 홍수 피해로 악명이 높다. 1555년 교황 바오로 4세Paul IV, 재위 1555~1559는 유대 지구 주변에 세 개의 관문이 있는 벽을 세워 밤에는 문을 잠그고 유대인의 출입을 통제했다. 로마의 오랜 유대 박해와 차별 정책은 이때부터 본격화됐다고 할 수 있다. 비정한 인간으로 악평이 자자했던 교황 바오로 4세는 유대인뿐 아니라 일반 로마 대중에게도 미움을 많이 샀다고 한다. 바오로 4세의 동상은 산타 마리아 소프라 미네르바 성당Basilica di Santa Maria Sopra Minerva에 있다.

이번 코스는 좁다란 중세 골목과 르네상스 거리를 종횡무진하면서 기원전 1세기부터 20세기에 걸친 소박하고 아름다운 광장들과 로마의 위대한 성당, 그리고 기막히게 아름다운 분수를 찾아갈 것이다. 이 주변에는 근사한 레스토랑이 즐비한데, 특히 유대 지구의 아티초크 튀김은 둘이 먹다가 하나 죽어도 모를 별미다.

▶ 출발지 **티베리나 섬**
가장 가까운 지하철역: 치르코 마시모
Circo Massimo

■ 도착지 출발지와 같음

산 바르톨로메오 성당.

● 티베리나 섬 Isola Tiberina 은 두 줄기 강으로 둘러싸인 작은 섬이다. 그리스 의술의 신 아스클레피오스 신전이 세워진 기원전 3세기부터 치유의 힘으로 유명세를 떨쳤다. 이 전통의 직계라고 할 만한 곳이 바로 런던 스미스필드의 유명한 의과대학 세인트 바르톨로뮤 병원 St Bartholomew's Hospital 이다. 12세기 영국 왕 헨리 1세의 사랑을 듬뿍 받던 충신 레허러 Rahere, ?~1144 는 로마에서 성지 순례를 하다가 병이 났다. 그는 거의 죽기 직전에 이 섬에서 12사도 중 하나인 성 바르톨로메오의 계시를 받고 기적적으로 치유되었다. 병상에서 일어난 레허러는 계시대로 영국에 성 바르톨로메오의 이름을 딴 병원을 창설했다. 레허러의 계시는 티베리나 섬에도 흔적을 남겼다. 바로 매력적인 산 바르톨로메오 광장 Piazza San Bartolomeo 과 산 바르톨로메오 성당 Basilica di San Bartolomeo 이다. 성 바르톨로메오는 로마 제국 병사들에게 산 채로 살 가죽이 벗겨지는 고문을 당하며 순교했는데, 성인의 얼마 남지 않은 유해는 이곳 성당에 안치되었다. 성당 자체는 멋지지만 실내에는 그다지 볼거리가 없다.

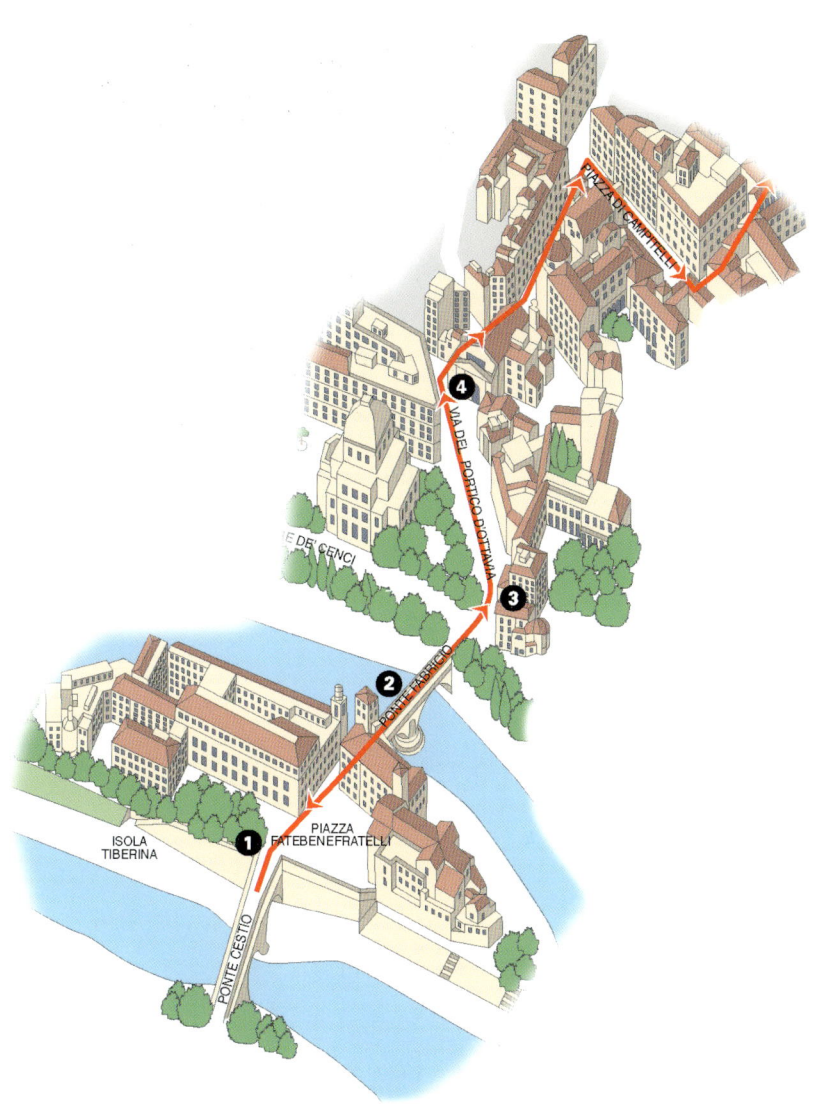

❷ 트라스테베레 지구를 등에 지고 파브리치오 다리Ponte Fabricio를 건넌다. 기원전 62년에 세워졌지만 여전히 멀쩡하다. 다리 전경을 제대로 감상하고 싶다면 다리 끄트머리 오른쪽 층계를 통해 강가로 내려가면 된다.

옥타비아 문.

❸ 다리를 건넌 후 신호등이 있는 건널목에서 길을 건너면 바로 로마 유대 지구다. 이번 코스는 다시 이곳으로 돌아와 끝난다. 오른쪽에 라틴어와 히브리어 기도문이 새겨진 예배당이 있다. 한때 이곳 유대인들은 유대인 전용 성당의 가톨릭 미사에 억지로 참석해야 했다. 유대인들을 '진짜' 기독교인으로 전향하게 만들려는 당국의 시도였다. 왼쪽의 웅장한 시너고그를 지나면 오른쪽 벽에 비문이 새겨져 있다. 나치 시절 강제 수용소로 이송되었던 유대인과 소수자들을 추도하는 글이다. 정면에 보이는 기둥을 향해 계속 나아간다. 기원전 27년~23년 아우구스투스 황제가 그의 누이 이름을 따서 건립한 옥타비아 문Portico di Ottavia이다. 현재 길보다 한 층 낮게 자리한 옥타비아 문은 한때 기념비적인 작은 두 신전을 둘러싼 직사각형 담의 정문이었다. 발굴 현장에 새겨진 삽화를 보면 그 전체 모양을 쉽게 짐작할 수 있다. 시간이 여유롭다면 발굴 현장에도 내려가 보고 고대 야외극장이었던 마르첼로 극장Teatro di Marcello도 자세히 둘러보자.

마르첼로 극장.

❹ 옥타비아 문에서 유적지를 따라 이어진 통로를 따라가면 왼쪽에 로마식 유대 음식으로 유명한 레스토랑 다 지제토Da Giggetto를 지난다. 트리부나 디 캄피텔리 거리Via della Tribuna di Campitelli가 나오면 우회전한다. 오른쪽으로 꺾인 모퉁이를 돌아서면 아폴로 신전의 세 기둥과 마르첼로 극장의 멋진 전경이 한눈에 들어온다. 마르첼로 극장은 기원전 11년경, 아우구스투스 황제가 누이 옥타비아의 장남이자 자신의 사위였던 마르쿠스 마르첼로Marcus Claudius Marcellus, B.C. 42~B.C. 23의 이름을 따서 건립했다. 관중 1만 5천 명까지 수용할 수 있었으며, 약 80년 후에 건설하기 시작한 콜로세움의 건축 양식과 규모에 많은 영감을 주었다고 한다. 로마 제국이 무너진 후 마르첼로 극장은 채석장으로 사용됐으며, 극장을 짓는 데 쓰인 석재 중 많은 부분이 뜯겨나가 다른 건축물에 재사용됐다. 그러던 중 16세기 중반 사벨리 가문이 그나마 남아 있는 마르첼로 극장 유적지를 인수했고, 유적지 꼭대기 부분에 사벨리 저택을 건설했다. 지금도 이 저택은 사유재산으로 남아 있으며, 로마 시내에서 가장 비싼 개인 주택이라고 한다.

산타 마리아 인 캄피텔리 성당에 있는 성 조반니 레오파르디의 관.

❺ 트리부나 디 캄피텔리 거리를 계속 올라가면 정교한 고대 기둥이 늘어선 23번지 벽을 지난다. 여기서 우회전하면 캄피텔리 광장이다. 그 옆에는 화려한 산타 마리아 인 캄피텔리 성당Santa Maria in Campitelli이 있다. 찬란한 금빛 제단이 있는 성당 실내는 매우 호화스럽다. 성모 마리아 성상을 받치기 위해 제작된 라지에라raggiera와 성당 양쪽에 늘어선 대리석 예배당도 매우 화려하다. 왼쪽의 한 예배당에는 유리관이 하나 있다. 그 안에 16세기 성인 조반니 레오파르디San Giovanni Leopardi의 유해가 전시돼 있다.

❻ 광장 끝에서 좌회전해 내려가면 좁고 구불구불한 카피추키 거리Via Capizucchi가 나온다. 카피추키 광장Piazza Capizucchi을 지나 매력적인 마르가나 광장Piazza Margana으로 들어서자. 이곳에는 훌륭한 식당 라 타베르나 델리 아미치La Taverna degli Amici가 있다. 40번지와 40a번지의 탑과 건물 일부는 고대 건축 양식으로 장식했다. 32번지 통로를 지나 마르가나 거리Via Margana로 내려간 뒤 그 끝에서 좌회전한다.

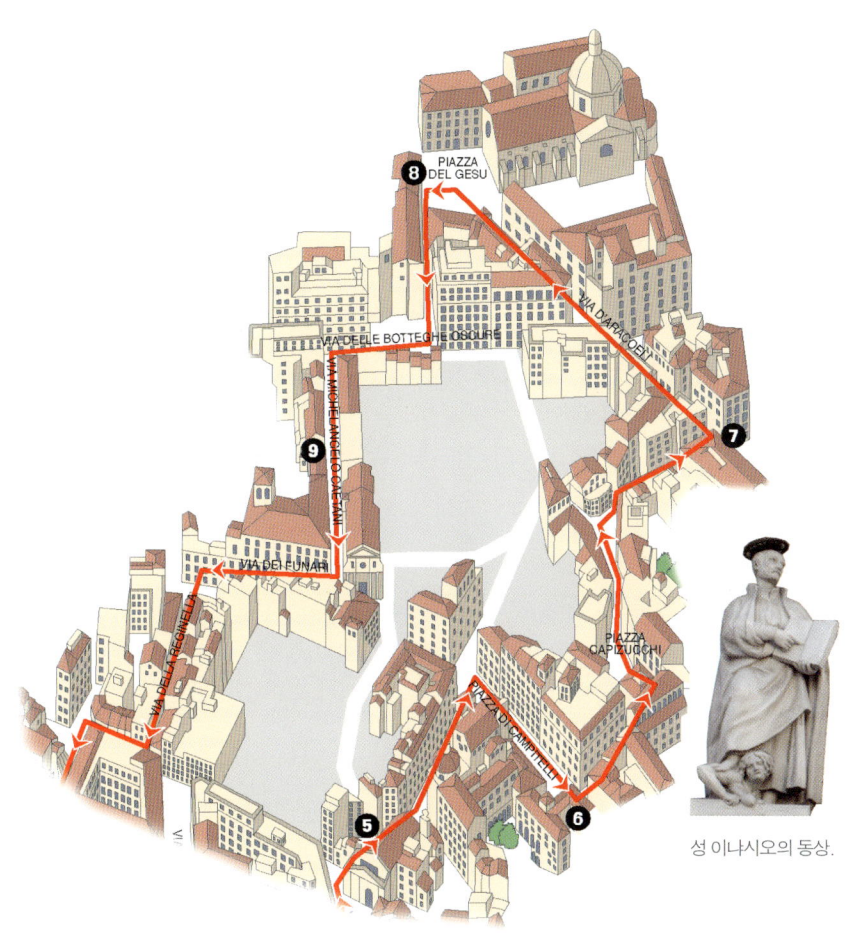

성 이냐시오의 동상.

❼ '하늘 제단'이라는 뜻의 아라코엘리 거리 Via di Aracoeli를 내려가면 끄트머리에 제수 광장 Piazza del Gesù이 있다. 거대한 16세기 제수 성당 Chiesa del Gesù이 이곳의 분위기를 장악하고 있다. 이 성당에 예수회를 창시한 이냐시오 데 로욜라 Ignatius de Loyola, 1491~1556가 잠들어 있다. 성당에 들어서기 전 파사드에 있는 성 이냐시오의 극적인 조각상들을 한번 살펴보자. 하나는 성인이 엄숙하게 성경의 한 구절을 가리키며 이교도 여자의 목 위에 한 발을 올리고 있다. 다른 하나는 이교도 남자의 목 위에 역시 한 발을 올리고 채찍을 휘두르는 모습이다.

제수 성당의 파사드(왼쪽)와 천장의 프레스코화(오른쪽).

성당 안으로 들어가면 중앙 둥근 천장의 프레스코 작품이 눈에 띈다. 〈예수 그리스도의 이름으로 얻은 승리〉라는 작품인데, 바치차Baciccia라는 별명으로 더 유명한 로마의 바로크 화가 조반니 바티스타 가울리 Giovanni Battista Gaulli, 1639~1709가 1679년에 제작한 것이다. 프레스코화의 폭동 장면은 하도 진짜 같아서 구름과 인물들이 그림 밖으로 튀어나와 천장 아래로 우르르 떨어질 것 같다.

위대한 성인의 무덤이 있는 왼쪽의 산 이냐시오 예배당도 매우 화려하게 장식되어 있다. 이보다 많은 청금석과 황금으로 장식된 예배당은 앞으로도 거의 보기 어려울 것이다. 사순절을 제외한 매일 오후 5시 반이면 이곳에서 로마 최고의 '무료 음악회'가 펼쳐진다. 아름다운 성가대가 합창하는 중간중간 성 이냐시오의 말년 업적을 읊는다. 합창이 절정에 이르면 성당 조명이 일시에 켜지고 중앙 제단 위에서 거대한 그림이 천천히 내려온다. 은빛으로 둘러싸인 성인이 무아지경에 빠진 채 하늘에 오르는 모습을 담고 있다.

❽ 성당에서 나와 왼쪽으로 가다가 좁다란 첼사 거리Via Celsa를 올라간다. '어두운 상점의 거리'라는 뜻인 보테게 오스쿠레 거리Via delle Botteghe Oscure가 나오면 우회전한다. 중세 초기 역사와 비잔틴 제국에 관심이 있다면 이 거리를 좀 더 따라가 로마 국립 박물관 중 하나인 크립타 발비 박물관Museo Nazionale Romano della Crypta Balbi을 방문하자. 그렇지 않다면 미켈란젤로 카에타니 거리Via Michelangelo Caetani에서 좌회전해 올라간다. 이 거리에는 이탈리아 기독교민주당의 지도자이자 이탈리아 총리를 다섯 번이나 역임한 알도 모로Aldo Moro, 1916~1978의 추모비가 있다. 1978년 3월 16일, 극좌파 테러 단체 '붉은 여단'은 로마 교외에서 모로가 타고 가던 차를 가로막고 그를 납치했다. 당시 총격전으로 모로의 측근 다섯 명이 사망했다. 모로가 테러단에게 인질로 잡혀 있던 54일 동안, 경찰은 테러단의 여러 은신처를 수백 차례나 급습했다. 그러나 결국 모로는 5월 9일 카에타니 거리에 버려진 르노 자동차 트렁크 속에서 머리에 여러 발의 총을 맞은 사체로 발견됐다.

❾ 비극적인 모로의 추모비 반대편에 난 층계를 올라간 다음, 17세기 팔라초 마테이Palazzo Mattei 마당으로 들어가자. 마당을 둘러싼 담에는 아름다운 로마 조각상과 정교한 석관이 줄지어 서 있다. 계단 위쪽으로 더 멋진 작품들이 많이 있으니 놓치지 말자. 게다가 이곳은 문지기의 눈치를 보지 않고 로마 시대의 저택을 마음껏 돌아다니며 구경할 수 있는 몇 안 되는 멋진 장소이기도 하다.

아름다운 조각상이 돋보이는 팔라초 마테이.

❿ 저택의 다른 문으로 나와 우회전해서 가다 보면 곧 부드러운 물소리를 들을 수 있다. 이때 모퉁이를 돌자마자 로마의 소규모 분수 중에 가장 매력적인 거북 분수Fontana delle Tartarughe가 나타난다. 분수는 원래 1580년대에 제작됐지만, 거북 조각들은 1658년에 보수 공사 중 베르니니가 추가한 것으로 알려졌다. 레지넬라 거리Via della Reginella로 내려가면 자그마한 마테이 광장Piazza Mattei을 지나 다시 유대 지구로 들어간다.

⓫ '옥타비아 문 거리'를 뜻하는 포르티코 디 옥타비아 거리Via del Portico di Ottavia에서 우회전한다. 이곳 모퉁이 1번지에 포르노 델 게토Forno del Ghetto라는 유대식 빵집이 하나 있다. 겉보기에는 평범하지만 꽤 유명한 곳이다. 한정된 수량만 파는 몇몇 케이크와 제과 제품은 하도 인기가 많아서 로마 시내에서 모르는 사람이 없을 정도다. 최고의 맛을 자랑하는 리코타 치즈와 '검은 버찌 파이' 모렐로 체리 타르트가 특히 유명하다.

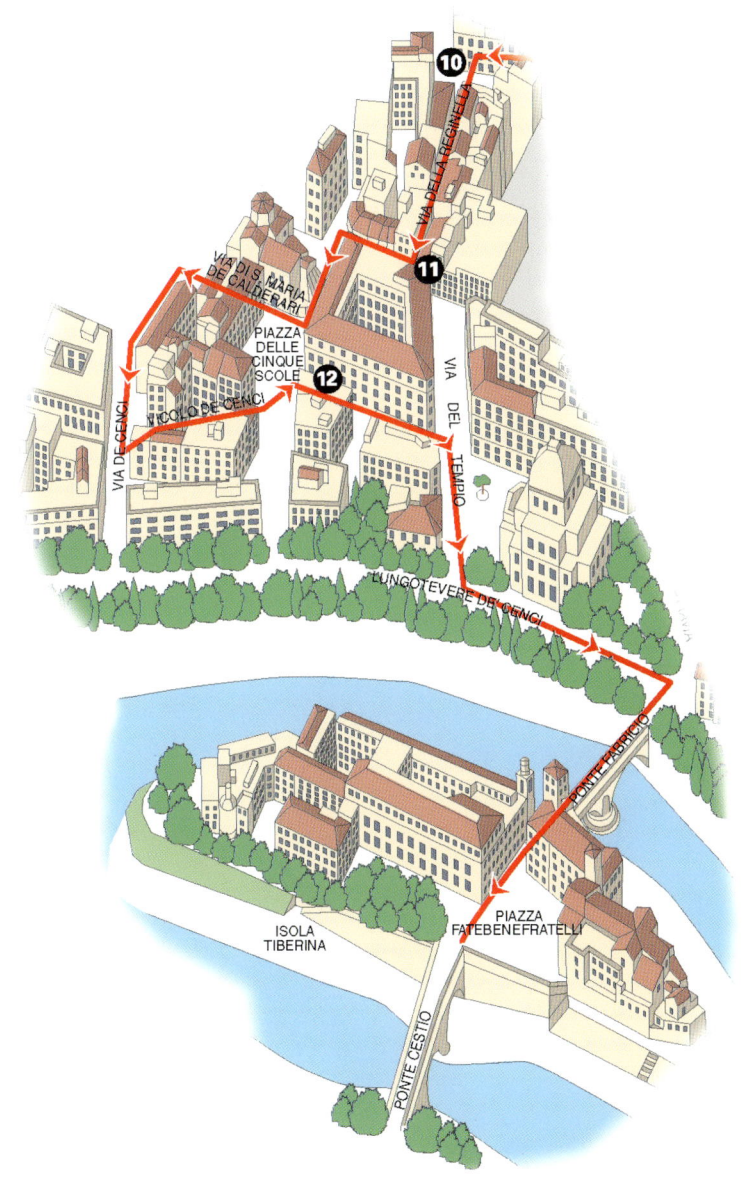

친케 스콜레 광장 Piazza delle Cinque Scole 방향으로 좌회전한 다음 산타 마리아 데이 칼데라리 거리 Via di Santa Maria dei Calderari를 따라 우회전한다. 유명한 레스토랑 알 폼피에레 Ristorante Al Pompiere를 지나 바로 좌회전한 다음, 어둡고 음산한 첸치 아치 Arco de' Cenci를 통과한다. 여기서 좌회전한 다음, 그림같이 아름답지만 다소 가파른 몬테 데 첸치 거리 Via Monte de' Cenci를 오른다. 이곳의 피페르노 Piperno는 유대 지구에서 인기 있는 식당 중 하나다. 유대식으로 바짝 튀긴 아티초크 요리가 특히 유명하다.

⓬ 친케 스콜레 광장을 지나 직진하면 카탈라나 거리 Via Catalana다. 이 거리 끝에 있는 웅장한 시너고그는 1904년에 세워졌다. 건축 양식은 바빌론에서 영감을 얻었다고 한다. 강가에는 작지만 많은 생각을 불러일으키는 유대 박물관 에브라이코 박물관 Museo Ebraico 입구가 있다. 은으로 만든 제기와 율법 책 받침대 등이 전시되어 있다. 이곳에 전시된 금 영수증 뭉치를 보면 가슴 한구석이 찡하다. 나치스가 로마를 점령했을 때 잡혀간 가족들을 빼내기 위해 유대인들이 모아서 갖다 바친 몸값이라고 한다.

로마에 있는 소규모 분수 가운데 가장 매력적인 거북 분수.

4 _ Grand Piazzas and Diocletian's Baths

수많은 대광장과 뒷골목, 디오클레티아누스 욕장:
바로크의 장관

이번 코스는 고대 로마와 바로크 로마가 가장 멋지게 '레이어드 룩' 효과를 내는 곳을 소개한다. 사실상 로마의 건축학적 '레이어드 룩' 효과는 로마 시내 전반에 걸쳐 있다. 새 토지는 고대 유적지 위에 그대로 기초를 닦았고, 새 건물은 고대 건물을 그대로 품거나 합쳤으며, 새 기념비는 낡은 기념비나 폐허에서 대리석과 석재, 장식재를 그대로 가져다 썼다. 물론 여기서 '새로운'은 그저 이전 것의 '몇 세기 뒤'를 뜻할 뿐, 지금의 기준으로 새것은 아니다. 이번 코스는 대담하고 격정적이며 극적인 곡선이 특징인 16~18세기 바로크 양식에 집중한다. 뻔뻔스러울 정도로 화려하고 사치스러운 바로크 양식은 보는 이의 시선을 단번에 사로잡는 마력이 있다. 낡은 건축물에 덧입힌 새로운 건축물의 묘한 조화가 매우 의미심장한 경우도 많다. 가령, 성당으로 뜯어고친 이교도 건축물은 기독교의 승리를 상징하는 장소로 흔히 언급된다. 공화국 광장에 있는 교황 피우스 4세의 산타 마리아 델리 안젤리 성당이 가장 좋은 예다. 이 성당 안에 있는 교황 클레멘스 11세의 자오선은 카이사르 황제가 정한 옛 태양력인 율리우스력을 현재 우리가 쓰는 기독교 태양력인 그레고리우스력으로 개혁한

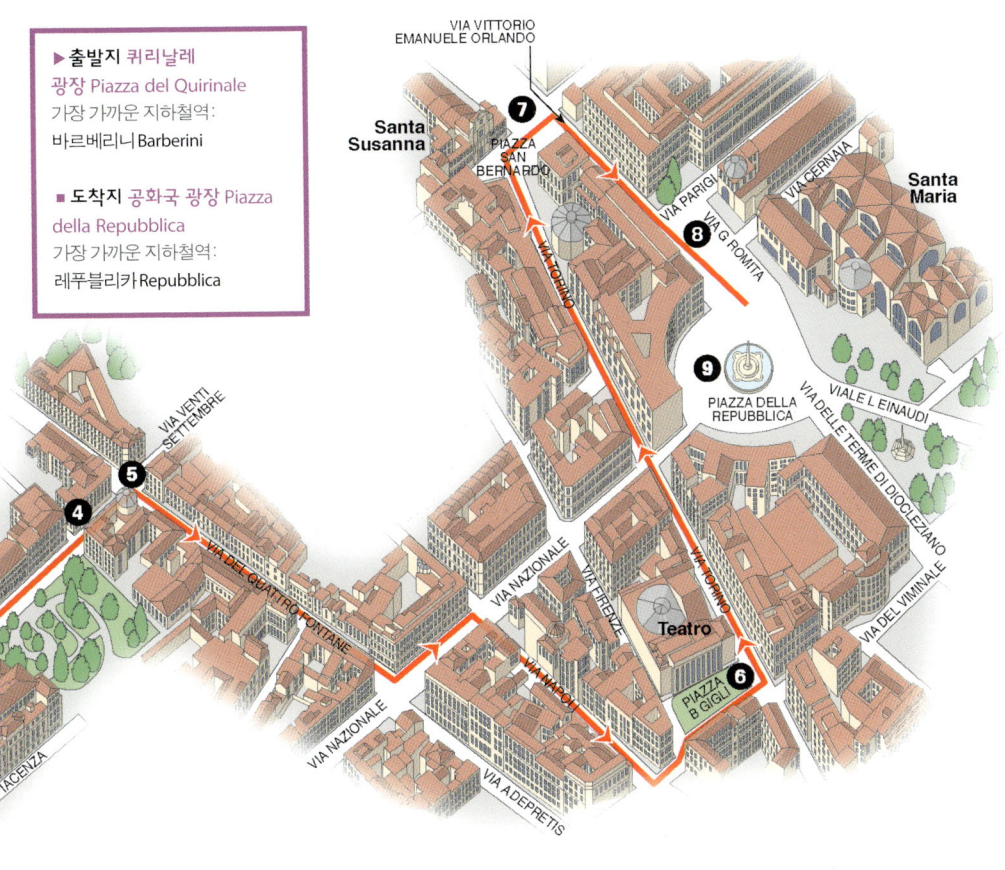

것을 경축하고 기념하는 상징물이다8번, 9번 지점 참고. 로마의 살아 있는 역사, 즉, 로마의 현재와 현실을 보고 싶다면 퀴리날레 광장에 시간을 투자하라. 대통령궁인 팔라초 퀴리날레는 지난 두 세기 동안 한 쌍의 초병이 보초를 서 왔다. 그 초병을 교체하는 놀랍도록 복잡한 교대식 전통은 오늘날에도 어김없이 지켜지고 있다2번 지점 참고. 초병 교대식의 반복적인 리듬과 행진 동작을 지켜보자면 거의 최면 상태에 빠질 것 같다. 이번 코스의 몽롱한 매력을 이해하기에 이보다 더 좋은 출발점은 없으리라.

퀴리날레 광장에 있는 디오스쿠리 분수.

❶ **퀴리날레 광장**Piazza del Quirinale은 로마에서 손꼽히는 아름다운 광장 중 하나다. 여기서 가장 눈길을 끄는 것은 화려한 **디오스쿠리 분수**Fontana dei Dioscuri다. 이 분수는 로마의 '하이브리드' 유적 중에서도 가히 보물급이다. 말 조련사 카스토르와 폴룩스의 거대한 동상은 콘스탄티누스 목욕탕 근처에서 가져왔고, 오벨리스크는 아우구스투스 황제의 영묘에서 가져왔다. 화강암으로 만든 수조는 한때 포로 로마노에 있던 것으로 소 여물통이었다.

❷ **팔라초 퀴리날레**Palazzo del Quirinale는 16세기 교황 그레고리우스 13세Gregorius XIII, 1502~1585가 여름에 거처하던 곳으로, 현재 공식적인 이탈리아 대통령궁이다. 이곳은 오후 3시 15분휴일은 오후 4시에 열리는 초병 교대식으로 유명하다. 거의 발레 동작 같은 이 전통 의식은 꼭 한번 볼 만하다. 초병 교대식을 시작하면 마당 양쪽에서 육군과 해군이 행진해서 들어온다. 마당 중앙에 양군이 행렬하는 순간 행진 악대

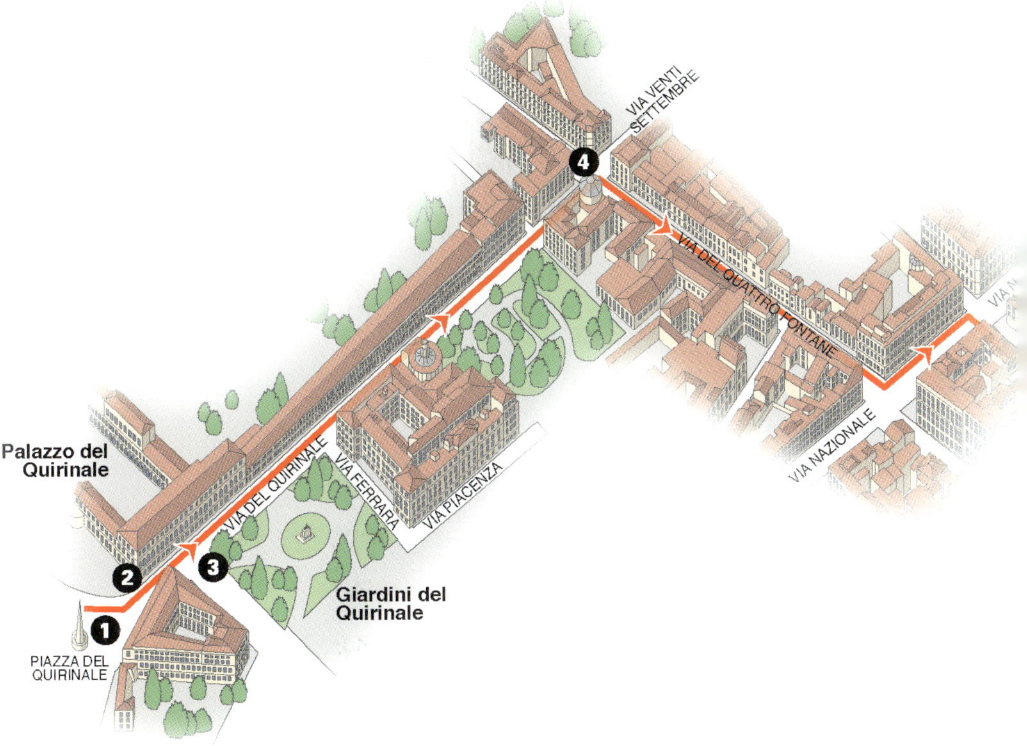

디오스쿠리 분수의 부분 모습.

카를로 알베르토 왕의 동상.

퀴리날레 광장에서 바라본 팔라초 퀴리날레(왼쪽)와 팔라초 콘술타(오른쪽).

가 연주하는 이탈리아 국가가 울려 퍼진다. 그와 동시에 초병 한 쌍이 장중한 몸짓으로 교대식을 마무리한다. 광장 서쪽의 발코니는 로마 전경을 내려다볼 수 있는 전망대다. 팔라초 퀴리날레 맞은편 건물은 18세기에 세워진 팔라초 콘술타Palazzo della Consulta이다. 오늘날 이탈리아 헌법 재판소가 이 건물에 있으며, 파사드는 이탈리아 바로크 건축가 푸가Ferdinando Fuga, 1699~1781가 설계했다.

❸ 분수를 등지고 직진해 퀴리날레 거리Via del Quirinale로 들어서자. 오른편에 자그마한 퀴리날레 정원Giardini del Quirinale을 지난다. 정원의 주인 노릇을 하고 있는 기마상은 통일 이탈리아 첫 왕조의 국부인 카를로 알베르토 왕Carlo Alberto, 1798~1849이다. 작은 타원형 돔을 얹은 오른쪽 건물은 이탈리아의 바로크 거장 베르니니가 설계한 산탄드레아 알 퀴리날레 성당Sant'Andrea al Quirinale이다. 자기비판이 매우 심했던 베르니니가 이 성당을 자신의 최고의 작품으로 여겼다고 하니 그 완성도를 짐작할 만하다. 환상적으로 장식한 중앙 제단과 마음에 동요

산탄드레아 알 퀴리날레 성당 내부의 천장 모습.

를 일으키는 그리스도 십자가상 앞에 서면 바로크 양식에 극히 비판적인 사람들마저 자기도 모르게 마음을 열고 만다.

❹ 퀴리날레 거리를 계속 걷다 보면 네 개의 분수Quattro Fontane가 있는 콰트로 폰타네 거리Via delle Quattro Fontane와 만난다. 이 지점이 퀴리날레 언덕Monte Quirinale의 정상이다. 로마 초창기 때, 로마의 고대 부족 사비네 족Sabines은 로마의 일곱 언덕 중에서 가장 높은 퀴리날레 언덕을 거점으로 생활했다. 퀴리날레라는 이름도 사비네 족의 전쟁신 퀴리누스의 이름을 딴 것이다. 네 개의 분수 양식은 꽤 독특하고 흥미롭다. 특히 분수 두 개는 무성한 초목을 강조한 조화미가 일품이라는 평가를 받는다. 이곳저곳에서 가져다가 짜 맞춘 디오스쿠리 분수와는 매우 대조적이다.

오페라 극장.

❺ 콰트로 폰타네 길로 우회전해서 가다 보면 왼쪽에 영국 문화원British Council을 지난다. 작고 깜찍한 상점들과 맛있는 젤라토 아이스크림 가게가 있다. 나치오날레 거리Via Nazionale가 나오면 좌회전한다. 이 넓은 대로는 위로는 공화국 광장Piazza della Repubblica을 올려다보고, 아래로는 비토리오 에마누엘레 2세 기념관을 내려다본다. 나폴리 거리Via Napoli에서 우회전하면 모퉁이에 성벽 안의 산 파올로 성당S. Paolo Entro le Mura이 있다. 1870년대에 세워진 미국 성공회 교회로 수많은 보물을 소장하고 있다. 그중에서도 영국 라파엘전파 화가인 에드워드 번 존스Edward Burne Jones, 1833~1898의 특출한 모자이크 작품이 유명하다. 나폴리 거리의 나머지 부분은 그다지 큰 매력이 없다. 그 대신 오른편에 반가운 지하 슈퍼마켓이 있다. 로마 시내에서 신선한 과일과 채소를 살 수 있는 슈퍼마켓은 거의 없는 데다 그나마도 멀리 떨어져 있다. 그러니 탄수화물 중심의 이탈리아 식단에 다른 영양소를 보충하고 싶다면 이번 기회를 놓치지 말자. 나폴리 거리를 따라 걷다가 비미날레 거리Via del Viminale에서 좌회전하면 왼쪽에 오페라 극장Teatro dell'

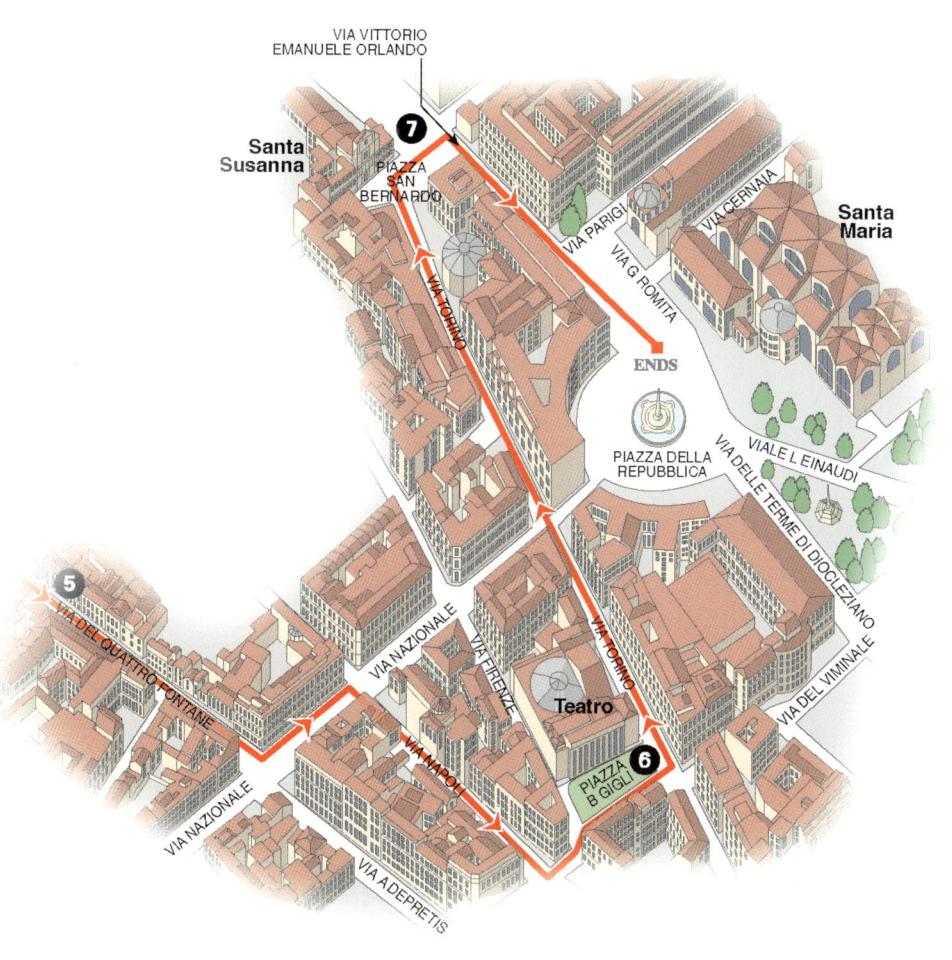

Opera이 나온다. 1950년대에 완성한 파사드 안쪽에 화사한 19세기 인테리어가 멋지다. 오페라 극장의 훌륭한 발레 · 오페라 · 음악회 프로그램은 언어의 장벽도 뛰어넘게 하는 힘이 있다. 시간을 내서 접해 본다면 더욱 풍성한 문화를 경험할 수 있는 기회가 될 것이다.

❻ 오페라 극장을 지나 토리노 거리Via Torino에서 좌회전한다. 나치오날레 거리를 건너 계속 직진하면 산 베르나르도 광장Piazza di San Bernardo이 나온다. 오른쪽의 원형 건물은 1598년에 세워진 산 베르나르도 성당San Bernardo alle Terme이다. 원래는 거대한 디오클레티아누스 욕장Thermae Diocletiani 모퉁이에 있던 로톤다rotonda, 원형 홀 중 하나였다. 밋밋한 성당 외관에 비해 지붕 안쪽의 환상적인 기하학적 문양과 벽감의 유달리 거대한 성인 동상들은 눈이 휘둥그레질 만큼 근사하다. 입구 맞은편에는 반쯤 숨겨진 어두운 방이 전기 촛불과 후광으로 희미하게 빛난다. 자동 조명 센서가 작동하기 전에 천천히 조심스럽게 접근하면 등골이 오싹하면서도 신비로운 분위기를 느낄 수 있다.

산 베르나르도 성당 맞은편에서 정교한 외관을 뽐내는 건물은 산타 수산나 성당Santa Susanna이다. 실내는 더욱 정교하게 장식돼 있으며, 벽면을 거의 빈틈없이 가득 채운 그림들과 '트릭 아트' 벽화들이 인상적이다.

❼ 산타 수산나 성당에서 나오면 붉은색과 흰색 큰 건물 왼쪽으로 난 비토리오 에마누엘레 오를란도 거리Via Vittorio Emanuele Orlando를 따라간다. 한때 디오클레티아누스 욕장의 팔각형 홀이었던 천문관을 왼쪽으로 지나면 디오클레티아누스 황제의 유산으로 점철된 공화국 광장이 나타난다. 광장 절반을 빙 둘러싼 곡선 건물은 디오클레티아누스 욕장의 '엑세드라exedra, 한쪽이 개방된 담화실'의 흔적이다. 웅장한 규모가 인상적인 산타 마리아 델리 안젤리 성당의 파사드는 입구부터 중앙 홀까지 고대 로마 석공예 기술의 정점을 보여 준다.

산 베르나르도 성당 내부 천장의 기하학적 문양(위)과 외부 모습(아래).

산타 마리아 델리 안젤리 성당의 독특한 외관.

❽ 이제 교회라면 볼 만큼 봤다고 생각할 수 있겠지만 산타 마리아 델리 안젤리 성당Santa Maria degli Angeli을 보기 전에는 속단하지 말자. 상대적으로 검소한 외관만으로 이 성당을 판단하면 큰 오산이다. 숨이 멎을 것 같은 웅장한 실내는 속세에 찌든 영혼을 한 차원 격상시켜 줄 정도로 아름답다. 교황 피우스 4세Pope Pius IV, 재위 1559~1565는 1560년대에 디오클레티아누스 황제 테피다리움tepidarium, 미온탕의 거대한 중앙 홀을 성당으로 바꾸었다. 디오클레티아누스 황제의 기독교 박해에 대한 최후의 복수였던 셈이다. 그 복수전을 지휘한 건축가는 바로 미켈란젤로였다. 그러나 기술자이기 이전에 위대한 예술가였던 미켈란젤로는 고대 예술 작품에 대한 경의를 잃지 않았다. 그 덕분에 목욕탕의 아름다운 아치형 천장 구조가 그대로 보존될 수 있었다. 산타 마리아 델리 안젤리 성당은 로마의 이교도 건물 위에 재건된 기독교 성당 중에서도 최고라 할 만하다. 현대적인 청동문을 지날 때 환상적인 둥근 유리 천장을 올려다보자. 유리 공예 예술가 나르치수스 콸리아타Nar-

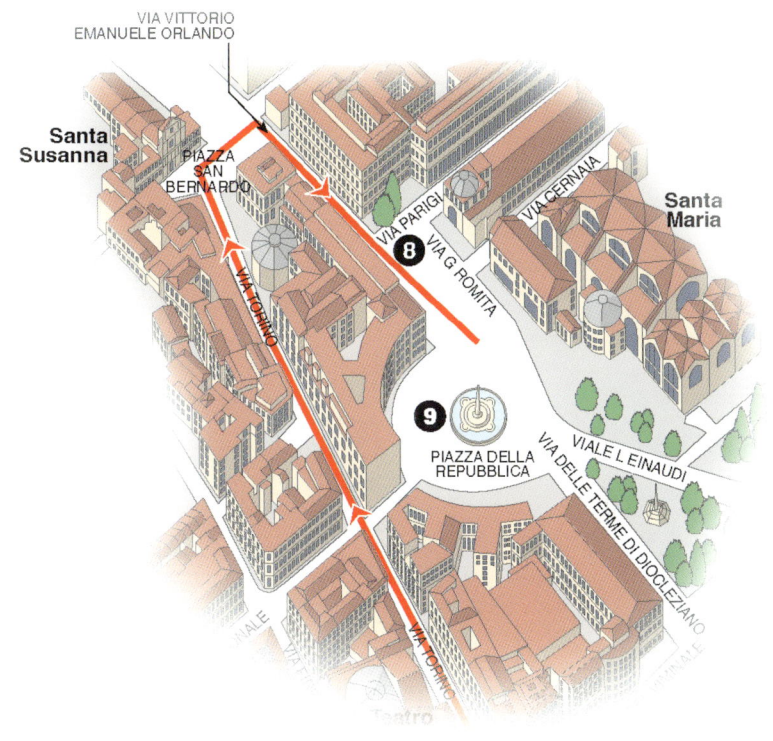

산타 마리아 델리 안젤리 성당에 있는 세례 요한의 두상.

산타 마리아 델리 안젤리 성당의 현대적인 청동문.

105

산타 마리아 델리 안젤리 성당에 있는 두 개의 자오선 가운데 하나.

cissus Quagliata, 1942~가 2000년에 설치한 이 작품은 그 이미지에 꼭 맞게 '빛나는 신성'이라 불린다. 성당 실내는 고대와 현대 건축 양식, 수많은 그림과 조각상으로 멋지게 조화를 이룬다. 특히 눈을 끄는 것은 황도십이궁과 나란히 있는 18세기 초의 청동 자오선이다. 교황 클레멘스 11세 Pope Clemens XI, 재위 1700~1721가 자신이 개혁한 그레고리우스력이 얼마나 정확하게 부활절 날짜를 계산할 수 있는지 입증하기 위해 제작했다. 볼로냐의 산 페트로니오 성당 San Petronio에 이미 설치되었던 자오선과 그 정확성을 경쟁하기 위한 목적도 있었다고 한다. 고대 로마의 목욕탕은 햇볕을 최대한 활용하기 위해 주로 남향으로 건설했는데, 이는 산타 마리아 델리 안젤리 성당의 복잡한 해시계가 작동하는 데 최적의 조건이 되었다.

❾ 성당 밖으로 나오면 공화국 광장 Piazza della Repubblica에 우아한 조각품과 야단스러운 경적 소리가 정신없이 뒤섞여 있다. 공화국 광장은 19세기 말에 대대적으로 재설계했다. 테르미니 역을 통해 로마에 입성

공화국 광장의 나이아디 분수.

하는 방문객에게 장엄한 첫인상을 주기 위해서였다. 1900년 초 **나이아디 분수**Fontana delle Naiadi가 호수와 강, 바다, 지하수 요정들의 나체 조각상을 최초로 드러냈을 때 세간에 큰 동요가 일었다. 분수 중앙에서 물의 신 글라우쿠스가 물고기와 씨름하는 동안 이 여인네들은 그저 즐거운 물놀이에 정신이 없다. 기존의 평범한 분수 조각상들과 비교하면 지나치게 요염하고 뻔뻔스러워 보인다. 한편, 미신을 믿는 로마 사람들은 자동차를 타고 이 분수를 완전히 한 바퀴 돌면 '운전 운'이 생긴다고 믿는다. 하긴, 로마에서 운전 운보다 좋은 운이 있을까. 주변에 주차된 자동차를 한번 둘러보면 그 이유를 금방 알 수 있다. 로마 사람들의 운전 습관이 얼마나 험악한지 다섯 대 중 넉 대는 표면이 움푹 들어가거나 심하게 긁혀 있다.

날이 점점 어두워지고 있다면 주변 카페에서 좀 더 시간을 때워 보자. 조명을 밝힌 공화국 광장은 무척 낭만적이다. 광장의 지하철역을 이용하면 어디든 편리하게 이동할 수 있다. 성당을 등지고 좌회전하면 테르미니 중앙역도 코앞이다.

5 _ From Via Veneto to the Trevi Fountain
베네토 거리에서 트레비 분수까지:
달콤한 인생

오늘날 1950년대와 1960년대 로마가 얼마나 중요한 영화 제작지였는지 기억하는 사람은 별로 없다. 〈로마의 휴일 Roman Holiday〉1953, 〈애천 Three Coins in the Fountain〉1954, 〈달콤한 인생 La Dolce vita〉1960 같은 영화들이 로마에서 촬영되던 시절에는 캐리 그랜트 Cary Grant나 에바 가드너 Ava Gardner, 엘리자베스 테일러 Elizabeth Taylor, 프랭크 시나트라 Frank Sinatra 같은 대형 스타들이 로마에서 상주하다시피 했다. 이번 코스는 당시 스타들이 대부분의 시간을 보냈던 베네토 거리에서 출발한다. 오늘날 베네토 거리에는 유서 깊은 대형 호텔과 노천카페가 즐비하다. 1950~1960년대의 화려한 영광은 빛바랬을지 모르지만, 이곳의 호텔과 술집, 레스토랑은 그때나 지금이나 한결같은 명성으로 수많은 관광객을 불러 모으고 있다.

이번 코스에서도 로마의 호화찬란한 바로크 저택과 성당을 몇 군데 둘러볼 것이다. 로마에서 결코 놓칠 수 없는 여러 명화와 아름다운 조각상, 소름 끼치는 해골 전시까지 기다리고 있다. 평화롭고 비밀스러운 수도원과 오벨리스크, 로마의 유명한 분수들도 빠지지 않는다. 이번 코스에서 둘러볼 지역은 무엇보다 관광객의 편의와 욕구에 충실하다. 그 유명한 로마의 아이스크림 젤라토를 맛볼 수 있는 가게도 유난히 많고, 다양한 분위기와 가격대의 근사한 술집과 레스토랑도 셀 수 없이 많다. 다양한 기념품 상점은 두말하면 잔소리다. 그 밖에도 흥미로운 보석 가게, 양복점, 신발 가게 등 없는 게 없다.

▶ **출발지** 베네토 거리 Via Veneto
가장 가까운 지하철역: 스파냐 Spagna

■ **도착지** 트레비 분수 Fontana di Trevi
가장 가까운 지하철역: 바르베리니 Barberini

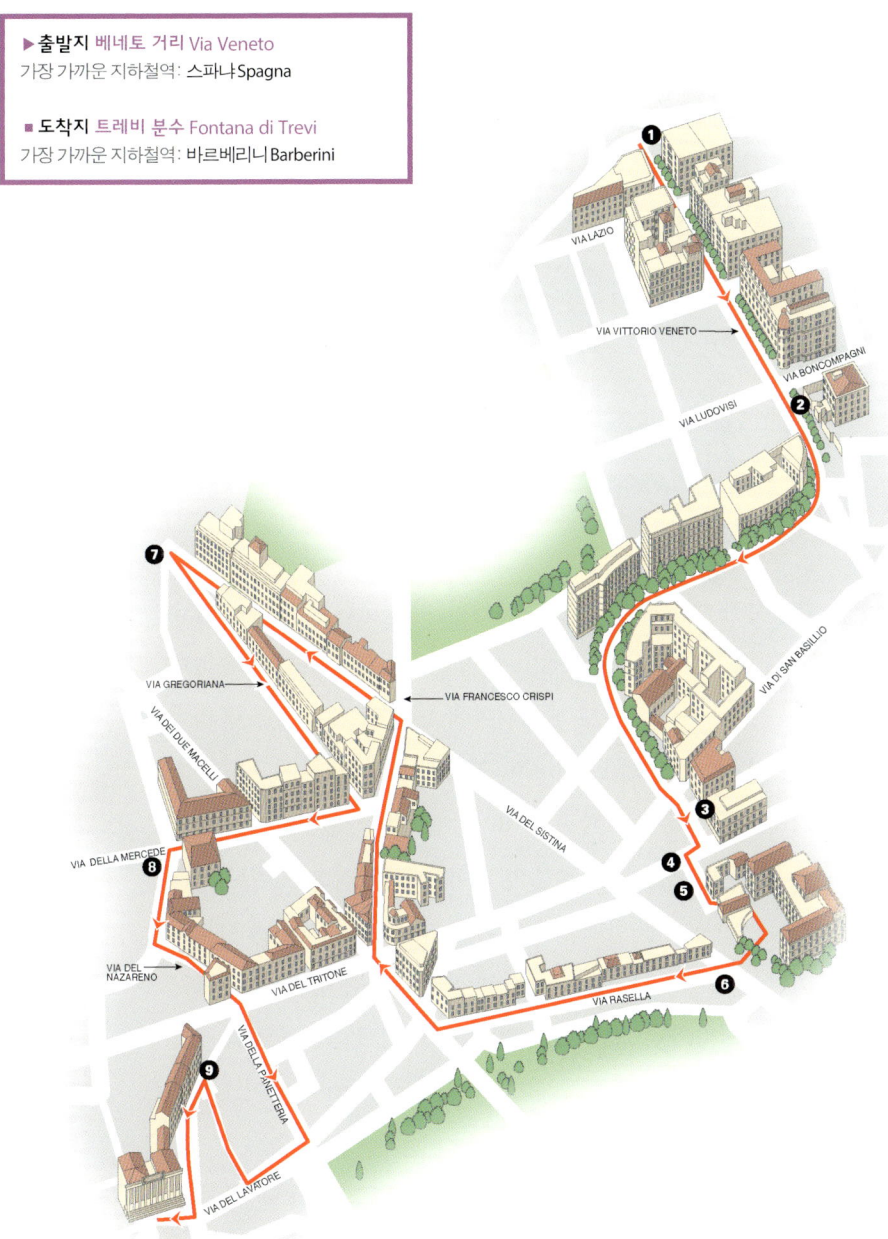

산타 마리아 델라 콘체지오네 성당.

❶ 무성한 가로수가 우아하게 늘어선 널찍한 비토리오 베네토 거리Via Vittorio Veneto는 19세기 말과 20세기 초에 들어선 노천카페가 수없이 많다. 이번 코스는 그중에서도 베네치아에 본점을 두고 있는 유명한 술집 겸 레스토랑, 해리즈 바Harry's Bar 앞에서 출발한다. 지금부터 걸어야 할 거리나 수많은 오르막길과 내리막길을 고려할 때, 이 주변에서 미리 배를 채워 두는 것도 좋은 방법이다. 비토리오 베네토 거리 114번지 팔롬비Palombi는 한때 빵집이었으나 오늘날은 레스토랑까지 겸하고 있다. 합리적인 가격으로 가볍게 점심 식사를 할 수 있다. 125번지에는 한때 잘나가던 카페 도네이Caffè Doney와 왕족과 영화배우들이 어깨를 부대끼던 웨스틴 엑셀시어 호텔Westin Excelsior Hotel이 있다.

❷ 거대한 미국 대사관을 왼편으로 지나면 거리가 오른쪽으로 꽤 급하게 꺾인다. 300미터쯤 더 가면 27번지 왼편에 계단이 나온다. 이 계단을 오르면 1627~1630년에 세워진 산타 마리아 델라 콘체지오네 성당Santa Maria della Concezione dei Cappuccini이 있다. 오른쪽이 그 유명한

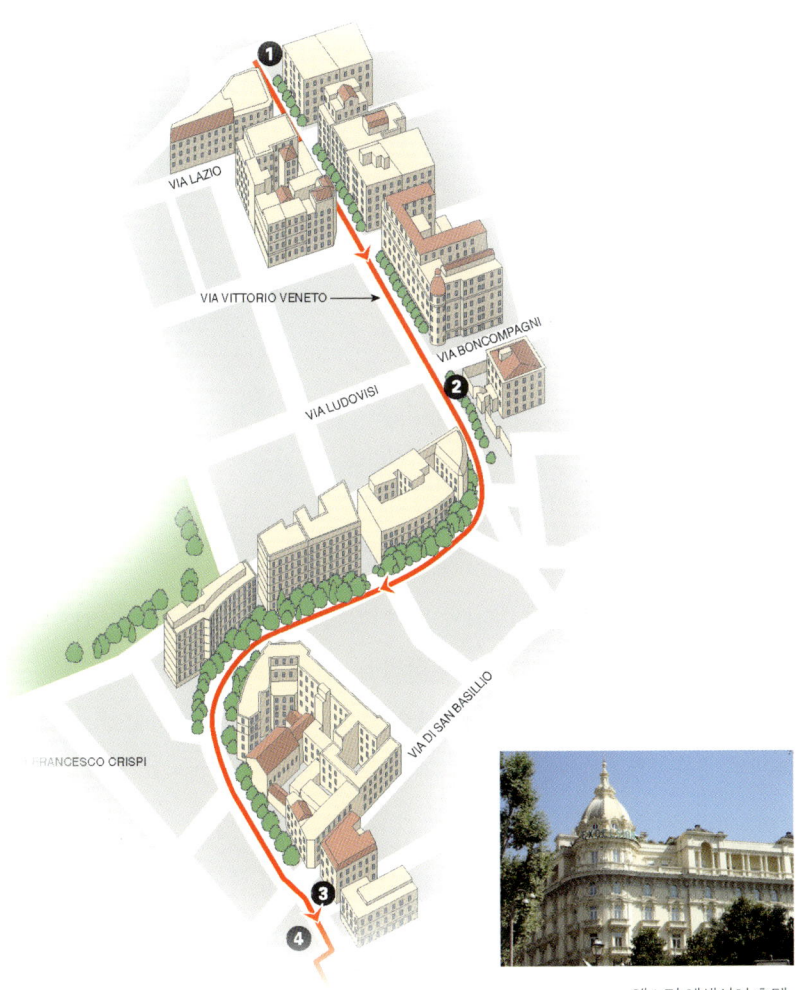

웨스틴 엑셀시어 호텔.

'해골 성당' 카푸친 납골당Capuchin Crypt으로 가는 입구다. 인간 해골을 이용한 이곳의 건축 양식은 매우 소름 끼치지만 그 독창성 때문에 꼭 한번 볼 만하다. 벽과 천장 전체가 인간 뼈와 두개골로 가득하다. 갈비뼈로 만든 샹들리에나 척추뼈와 골반뼈로 만든 정교한 문양 등 모든 게 그저 기막히고 놀라울 뿐이다. 아이들도 의외로 해골 성당을 매우 신기해하고 좋아한다. 해골 성당을 충분히 감상했다면 이

베르니니가 설계한 꿀벌 분수.

제 몸과 마음을 재정비하고 엄숙한 자세로 다음 성당을 방문할 차례다. 산타 마리아 델라 콘체지오네 성당은 아름다운 명화로 가득하다. 특히 오른쪽 첫 번째 예배당의 작품이 가장 유명하다. 귀도 레니Guido Reni, 1575~1642의 〈사탄을 짓밟는 대천사 미카엘〉, 혼토르스트Gerrit van Honthorst, 1592~1656의 〈그리스도의 조소〉, 피에트로 다 코르토나Pietro da Cortona, 1596~1669의 〈사도 바울의 시력을 되찾아 주는 아나니아스〉 등이다.

❸ 성당에서 길을 따라 더 내려가면 같은 편에 매력적인 꿀벌 분수Fontana delle Api가 나온다. 1644년에 베르니니가 설계한 것이다. 분수는 이름 그대로 꿀벌 조각으로 장식되어 있는데 이 주변을 거닐다 보면 다른 곳에서도 꿀벌 장식을 종종 보게 될 것이다. 꿀벌은 이곳 유지인 바르베리니 가문과 이 집안 출신 교황 우르바노 8세Urbano VIII, 재위 1623~1644의 상징이기 때문이다. 바르베리니 광장Piazza Barberini의 분위기 역시 바르베리니 저택과 탑이 장악하고 있다. 바르베리니 가문은

바르베리니 광장 중앙에 있는 트리토네 분수.

매우 정력적이고 사치스러웠으며, 베르니니의 가장 큰 단골 고객이었다. 베르니니는 그 고마움을 가장 창의적인 방식으로 보답하곤 했다. 대표적인 예가 산 피에트로 성당의 닫집이다. 자세히 보면 닫집이 꿀벌 장식으로 뒤덮여 있음을 알 수 있다.

❹ 광장 중앙에 있는 트리토네 분수Fontana del Tritone 역시 베르니니의 1637년 작품이다. 주변의 혼잡한 교통량에도 불구하고 건널목이 없어 접근하기 쉽지 않다. 하지만 꼭 한번 자세히 볼 가치가 있다. 돌고래와 열쇠, 꿀벌들로 이루어진 독창적이고 정교한 기조 장식이 소라 껍데기 나팔을 불고 있는 근육질의 트리토네 동상을 떠받들고 있다.

국립 고전미술관으로 운영 중인 팔라초 바르베리니.

❺ 트리토네 분수에서 가파른 콰트로 폰타네 거리Via delle Quattro Fontane를 따라 웅장한 팔라초 바르베리니Palazzo Barberini로 이어지는 거대한 난간과 대문으로 향한다. 팔라초 바르베리니는 위대한 이탈리아 건축가 베르니니와 카를로 마데르노Carlo Maderno, 프란체스코 보로미니Francesco Borromini가 1620~1630년대에 설계했다. 현재는 국립 고전미술관Galleria Nazionale d'Arte Antica으로 운영 중인데, 1700년대까지의 주요 이탈리아 회화 작품을 소장하고 있다. 건물 앞의 아름다운 분수도 놓치지 말자. 고대 동상이 줄지어 선 웅장한 현관과 건물 뒤편의 근사한 정원과 테라스도 간과할 수 없다. 오른쪽 문 안쪽에 보로미니가 설계한 정교한 타원형 층계가 있다. 트래버틴으로 제작된 이 나선형 층계는 건물 꼭대기까지 감겨 올라간다. 미술관 소장품은 매우 방대하며 몇몇 전시실은 어마어마하게 크다. 그중 꼭 봐야 할 작품을 고른다면 다음과 같다. 이탈리아 거장 라파엘로Raffaello Sanzio da Urbino, 1483~1520의 〈젊은 여인의 초상화〉는 성적 매력이 물씬 풍긴다. 라파엘로의 연인을 그린 것으로 '포르나리나빵집 딸'라는 애칭으로 더 유

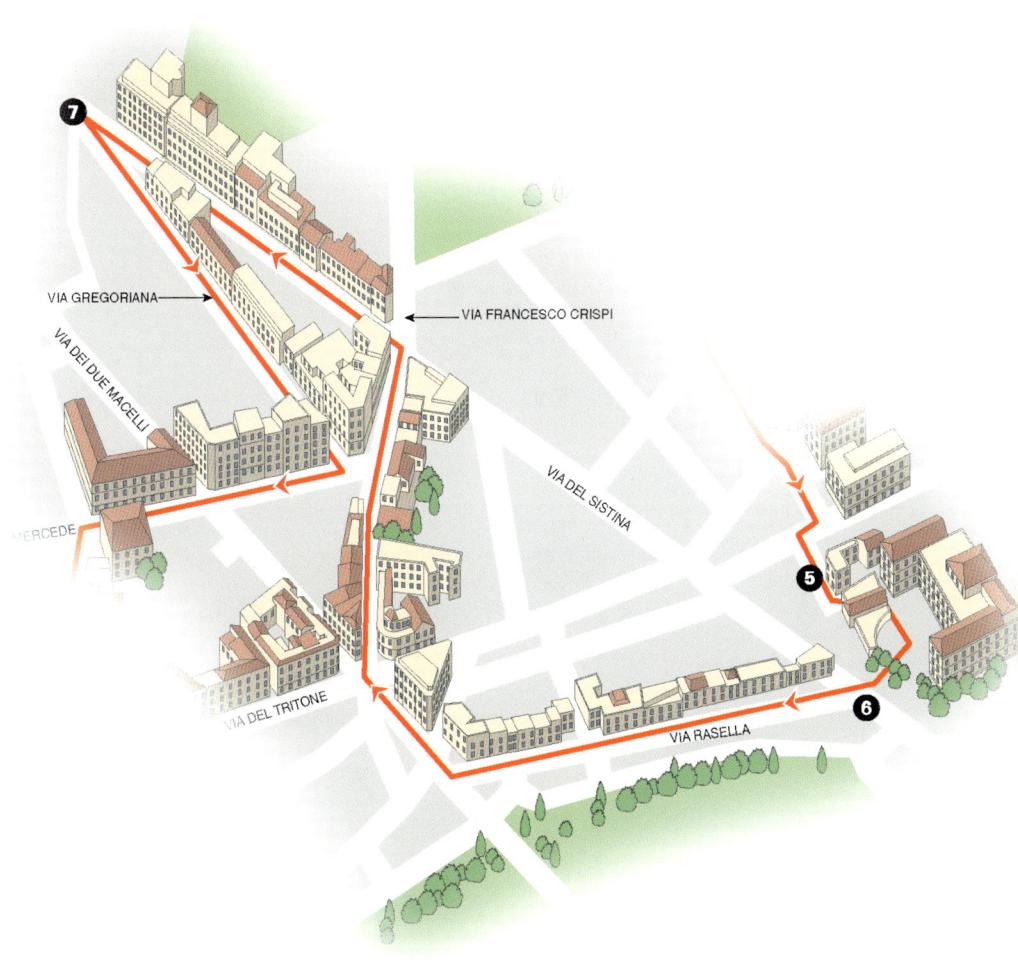

명하다. 무서운 표정을 한 각진 얼굴의 헨리 8세 초상화는 홀바인Hans Holbein the Younger, 1497~1543의 작품이다. 카라바조의 〈홀로페르네스의 목을 베는 유디스〉도 놓칠 수 없다. 틴토레토Tintoretto, 1518~1594의 작품 〈간음한 여인과 그리스도〉는 원근법 표현이 뛰어난 것으로 유명하다. 역대 교황의 정교한 흉상들도 수없이 많다. 대연회장은 정신이 아찔할 정도로 거대하고, 1·2층의 높다란 천장은 피에트로 다 코르토나Pietro da Cortona, 1596-1669의 〈신의 섭리의 승리〉가 장식하고 있다.

❻ 팔라초 바르베리니 대문 맞은편에 비탈진 내리막길 라셀라 거리Via Rasella가 있다. 길을 다 내려가서 우회전한 다음, 혼잡한 트리토네 거리Via del Tritone를 건너 프란체스코 크리스피 거리Via Francesco Crispi를 오른다. 중간쯤 가서 왼쪽의 카포 레 카세 거리Via Capo le Case를 내려다보며 잠깐 쉬어 가자. 여기서 곧 만나게 될 산탄드레아 델레 프라테 성당의 멋진 종탑을 감상할 수 있다. 교황 식스투스 5세Sixtus V, 재위 1585~1590의 이름을 딴 시스티나 거리Via Sistina까지 계속 올라간 다음 좌회전한다.

언덕을 오르내리며 계속 직진하면 스페인 계단의 꼭대기에 오벨리스크가 좌우에서 옹호하고 있는 웅장한 산타 마리아 마조레 성당Basilica Papale di Santa Maria Maggiore의 극적인 모습이 멀리 한눈에 들어온다. 시스티나 거리 꼭대기에 이르면 다음 코스에서 자세히 소개할 스페인 계단을 한번 굽어보자. 이쯤 되면 근처의 카페나 술집에서 목을 축이고 다리를 쉬어 가고 싶을 것이다. 만약 그날따라 주머니 사정이 넉넉하거나 자신에게 한턱내고 싶다면, 오른편의 하슬러 로마The Hassler Roma에서 분위기 있게 음료나 식사를 즐기는 것도 좋다. 별 다섯 개가 빛나는 유서 깊은 최고급 호텔로 이 언덕에서 가장 좋은 전망을 차지하고 있다. 호텔 레스토랑의 숨막힐 정도로 아름다운 전망은 비싼 음식값을 충분히 보상하고도 남는다.

❼ 왼쪽으로 급격히 꺾이는 굉장히 매력적인 그레고리아나 거리Via Gregoriana를 따라 내려가자. 다 내려가면 우회전해 언덕 중반쯤에서 내려다보았던 산탄드레아 델레 프라테 성당Sant'Andrea delle Fratte을 향해 간다. 17세기 전반에 세워진 이 성당은 부분적으로 보로미니가 설계했는데, 환상적인 종탑이 가장 대표적인 볼거리다. 종탑 꼭대기를 장식한 버팔로 머리는 그의 후원자인 델 부팔로Del Bufalo 귀족 가문에 바친

산탄드레아 델레 프라테 성당의 종탑(왼쪽)과
가시관을 든 천사상(중앙), 십자가에서 풀어온 끈을 든 천사상(오른쪽).

상징물이다. 성당 내부에는 다채로운 대리석의 향연이 벌어졌다. 하지만 이곳에 온 주된 이유는 제단 양쪽에 있는 베르니니의 아름답고 거대한 천사상들 때문이다. 둘 다 그리스도의 수난을 상징하는 물건을 들고 있는데, 제단 왼쪽의 천사상은 가시관을, 오른쪽 천사상은 십자가에서 풀어온 끈을 들고 있다.

반대편에는 수도원으로 연결되는 문이 하나 있다. 로마 시내 한가운데치고는 매우 신비스럽고 평화로운 공간이다. 뜰 중앙에서 조용히 물을 흩뿌리는 분수는 이끼와 고사리류 식물로 뒤덮여 있고, 그 주변은 감귤나무와 비파나무가 둘러싸고 있다. 오른쪽 문으로 나가면 길 건너편에 거대하고 엄숙한 저택이 하나 보인다. 메르체데 거리 12a번지 Via della Mercede 12/a에 자리한 이 저택은 베르니니의 가족들이 살았던 곳이다. 슬하에 열두 명의 자녀를 두었으며 몇십 년간 뛰어난 작품을 무수히 남긴 위대한 예술가 베르니니. 그 '풍요와 다산'의 삶이 이 저택에 그대로 반영되어 있다.

❽ 이제 좌회전해 산탄드레아 델레 프라테 거리 Via di Sant'Andrea delle Fratte를 내려간 다음 나차레노 대로 Largo del Nazareno로 들어선다. 25번지에 로마에서 가장 오래된 고대 학교를 지난 후 갈림길에서 나차레노 거리 Via del Nazareno로 좌회전한다. 트리토네 거리를 다시 한 번 '목숨 걸고' 건넌 후 맞은편 파네테리아 거리 Via della Panetteria를 따라간다. 이 거리의 42번지에 매우 유명한 대형 아이스크림 가게 산 크리스피노 San Crispino가 있다. 열 번째 코스에 소개할 알베르토 피카 Alberto Pica보다 더 세련되고 비싼데, 그렇다고 더 맛있거나 더 '로마스러운' 것은 아니다.

파네테리아 거리가 끝나면 라바토레 거리 Via del Lavatore가 나온다. 여기서 우회전해 31번지의 아름답고 훌륭한 식료품점을 지난다. 풍미 가득한 치즈가 특히 유명한 곳이다. 그 가게를 지나자마자 다시 우회전해 스카볼리노 골목길 Vicolo Scavolino을 내려간다. 그 끄트머리에 산 루카 아카데미아 광장 Piazza Accademia di San Luca이 있다. 광장 이름은 77번지 팔라초 카르페냐 Palazzo Carpegna에 자리한 동명의 미술대학 이름을 딴 것이다. 1577년에 처음 설립된 이후 오늘날에도 국립 미술대학으로 그 명맥을 유지하고 있다. 지난 몇 세기 동안 이 대학 출신의 수많은 예술가들이 작품을 기증하거나 유산으로 증여해 왔다. 대학 건물 대부분은 보로미니가 재설계했는데, 중앙의 아름다운 나선형 계단이 매우 독창적이다. 맨 꼭대기층까지 올라가면 대학이 소유한 작품 일부를 볼 수 있다. 반 다이크 Van Dyck와 루벤스 Rubens, 파니니 Pannini, 바치차 Baciccia 등 대가들의 그림과 카노바 Canova의 나폴레옹 흉상이 있다.

❾ 학교에서 나와 스탐페리아 거리 Via della Stamperia를 따라간다. 도심의 와자지껄함 속에서도 곧 물소리가 들릴 것이다. 모퉁이를 돌면 로마

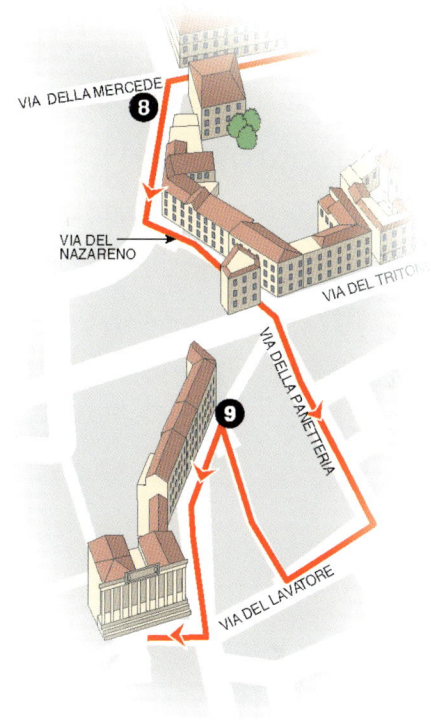

에서 가장 이름난 관광지 중 하나인 트레비 분수Fontana di Trevi가 있다. 세상 어디를 둘러보아도 이처럼 생기와 활력이 넘치고 매혹적인 바로크 분수는 없을 것이다. 제작 기간만 1732년부터 1762년까지 무려 30년이 걸렸다. 이탈리아 건축가 니콜라 살비Nicola Salvi, 1697~1751가 설계를 시작해, 조반니 판니니Giovanni Pannini, 1691~1765가 마무리했다. 트레비 분수는 완성된 이후 오늘날까지 로마 최고의 명소로 사랑받고 있다. 정교한 조각들과 근사한 바다 풍경, 쉼 없이 쏟아지고 흐르는 풍성한 물살로 어우러진 트레비 분수는 너무나 압도적이다. 이런 거대한 장관을 품은 광장은 반대로 너무 작고 평범해 '분수'에 넘칠 정도다. 트레비 분수가 뒤편 건물에서 솟아 나온 모습을 자세히 살펴보면 그 기술과 감각에 놀라움을 금할 수 없다. 트레비 분수가 이처럼 인기가 많고 늘 관광객들로 북적거리는 것도 전혀 놀랍지 않다. 따라서 다른 유명 관광지처럼 트레비 분수도 아침 일찍 방문하면 좀 더 편하고 느긋하게 감상할 수 있을 것이다. 트레비 분수 주변의 카페와 술집들은 시끌벅적하기만 할 뿐, 가격 대비 서비스는 그저 그렇다. 아무리 트레비 분수가 매력적이고, 또 아무리 심신이 피로하더라도 아무 방향으로나 최소한 5분은 더 나가서 자리를 잡는 것이 좋다.

로마 최고의 명소로 사랑받는 트레비 분수.

6 _ Around the Spanish Steps

스페인 계단을 중심으로:
낭만과 상업

스페인 계단은 로마에서 매우 인기 있는 관광 명소 중 하나다. 수많은 관광객과 노점상들로 발 디딜 틈이 없는 것도 당연하다. 오늘날 우리가 스페인 계단을 찾는 이유는 존 키츠 같은 낭만주의 시인들이 자연과 교감하려고 이곳을 찾던 때와는 분명 다르다. 하지만 스페인 계단이 이렇게 유명해진 데는 부분적으로나마 키츠의 공을 무시할 수 없다. 스페인 계단 아래 분홍색 치장벽토 건물 앞에서 객사한 키츠 덕분에 이곳이 일종의 문학 순례지로 부상했기 때문이다. 사진기로 무장한 군중의 맨 앞으로 나설 수만 있다면 여전히 이곳에서 문학적 정취를 느낄 수 있을지도 모르겠다. 결핵이 키츠를 침대에 묶어 놓기 전, 시인이 넓고 휘어진 계단을 어슬렁거리는 모습을 상상하는 일도 그리 어렵지 않다. 키츠는 병상에서도 바르카차 분수의 물줄기 소리를 계속 들을 수 있었다고 한다. 이러한 환경은 키츠가 자신의 묘비에 남길 최후의 비문을 쓸 때도 큰 영향을 준 것 같다. "물에 이름을 쓴 자가 여기 누워 있도다."

이번 코스에는 선글라스가 꼭 필요하다. 흰색으로 빛나는 눈부신 광장을 수없이 지나기 때문이다. 물론 초록이 우거진 시원한 공원도 여러 군데 지날 것이다. 로마 사람들은 광장을 지을 때 '충격 효과'를 노리는 경향이 있다. 로마 건축가들은 기념비적 작품으로 자신의 이름을 후대에 길이 남기고픈 욕망도 강했지만, 그들이 사랑하는 로마의 웅장함과 위대함을 대외에 과시하고픈 욕망도 그에 못지않게 컸다. 그 덕분에 로마의 광장들은 완성된 지 몇백 년이 지난 오늘날에도 여전히 놀랍고 인상적이다.

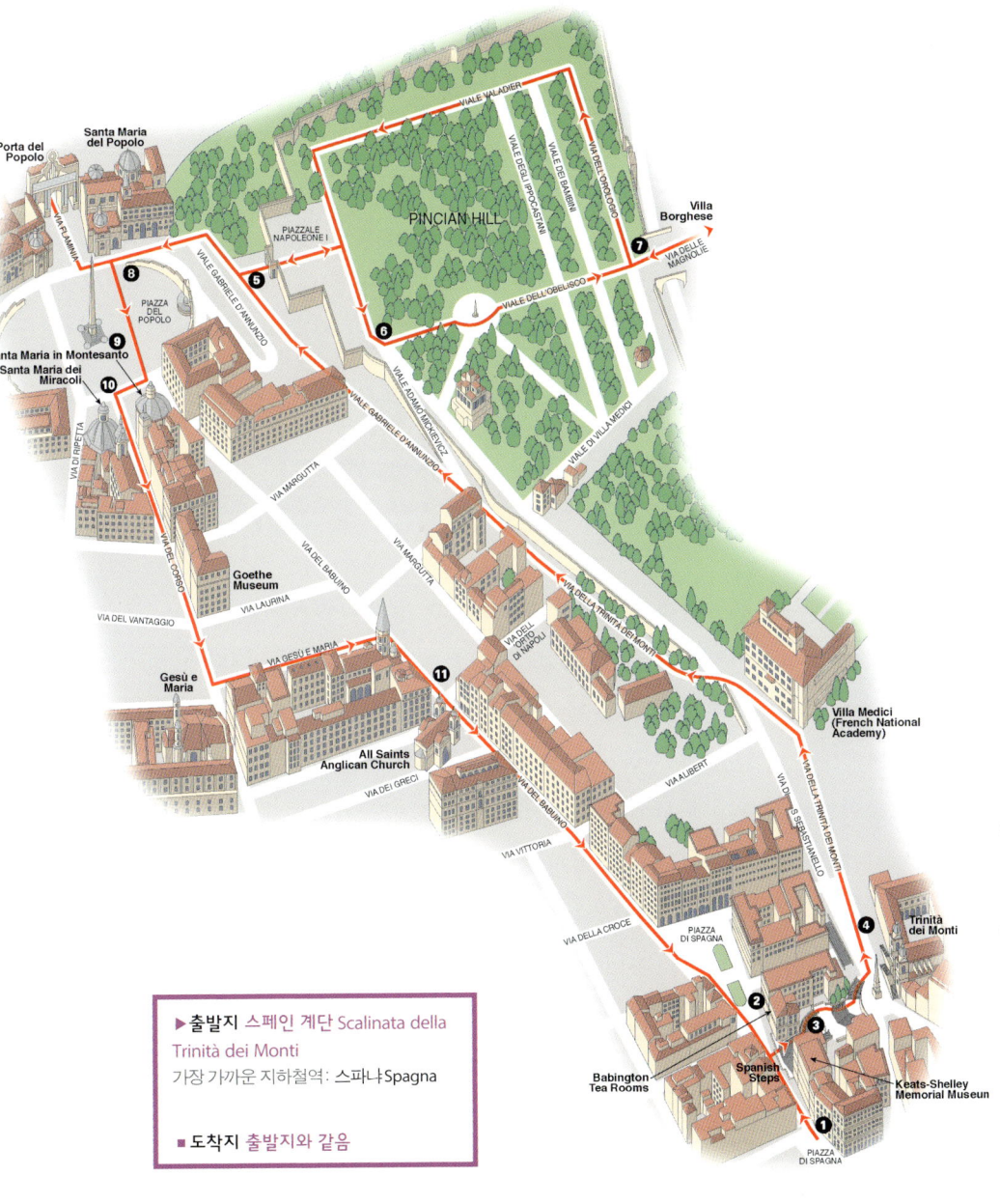

▶ 출발지 스페인 계단 Scalinata della Trinità dei Monti
가장 가까운 지하철역: 스파냐 Spagna

■ 도착지 출발지와 같음

로마 건축의 '충격적인 규모'를 충분히 감상했다면 이제 다른 종류의 '충격'으로 발길을 돌릴 차례다. 바로 코르소 거리와 바부이노 거리, 스페인 광장에 늘어선 도도하고 콧대 높은 최고급 디자이너 상점들이다. 윈도쇼핑만으로도 눈이 휘둥그레지는 패션계의 거물들이 이곳에 다 모여 있다.

스페인 광장과 스페인 계단.

❶ 스파냐스페인 지하철역에서 좌회전하면 스페인 광장Piazza di Spagna이고, 광장에 들어서자마자 스페인 계단의 끄트머리에 다다른다. 계단의 정식 명칭은 삼위일체계단Scalinata della Trinità dei Monti이다. 1726년 프란체스코 데 산크티스Francesco De Sanctis, 1679~1731가 스페인 대사관과 삼위일체 성당Trinità dei Monti을 연결하기 위해 건설했다. 스페인 계단 아래의 오른쪽 건물이 그 유명한 영국 낭만주의 시인 존 키츠John Keats, 1795~1821가 1821년 폐결핵으로 숨지기 전 몇 달 동안 살았던 집이다. 당시 키츠의 나이는 불과 25세였다. 건물 파사드는 그때 그대로 보존되었으며, 오늘날 영국 낭만주의 문학의 성지로 여겨지는 키츠 셸리의 집Keats-Shelley House이 있다.

❷ 스페인 계단 왼편에는 1893년 두 영국 여성이 설립한 바빙톤 티룸Babington's Tea Rooms이 있다. 당시 로마에서 차는 약국에서만 살 수 있었는데, 고정관념을 깨고 차를 사고 마시는 공간을 창업한다는 것은 매우 혁신적인 아이디어였다. 이번 걷기 코스가 끝나면 다시 이곳으로 돌아와 근사한 차 한 잔과 케이크 한 조각으로 지친 몸과 마음을

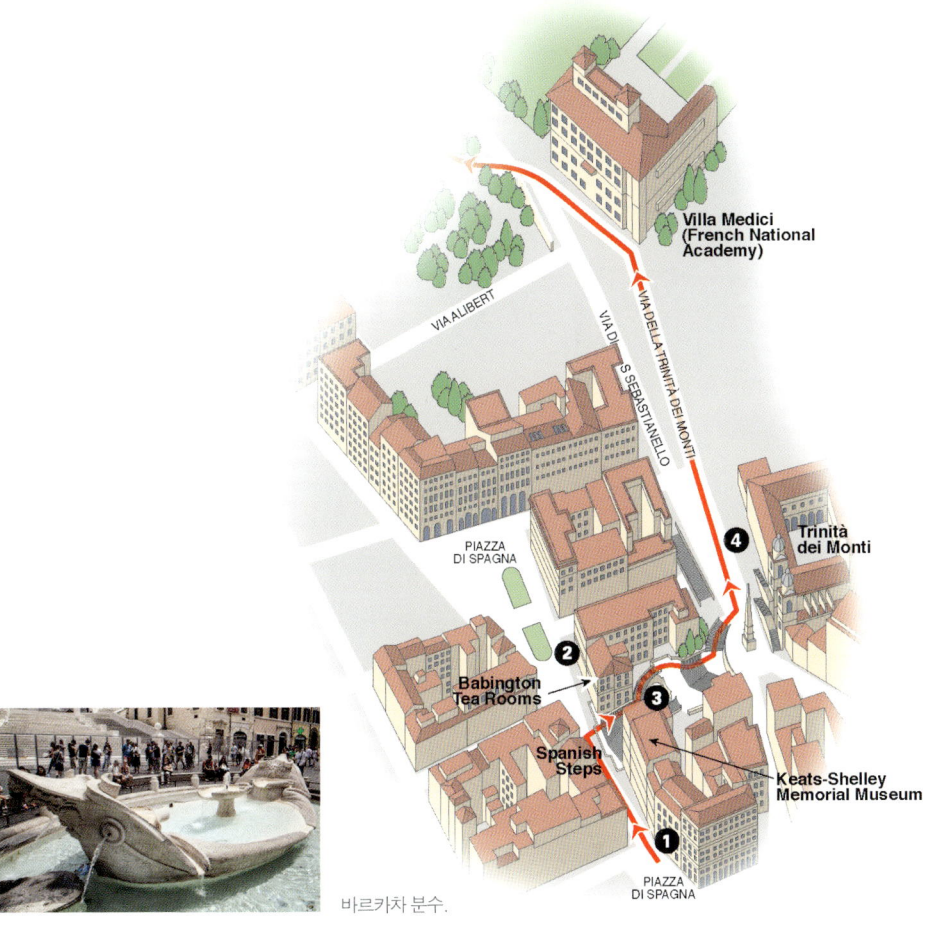

바르카차 분수.

달래 보면 어떨까?

스페인 계단 아래의 바르카차 분수 Fontana della Barcaccia 는 '낡은 배'라는 이름대로 가라앉는 배의 뱃머리와 선미루에서 물줄기를 흩뿌리고 있다. 이 분수 디자인에 얽힌 뒷이야기도 흥미롭다. 한때 로마에 심한 홍수가 나서 스페인 광장이 물에 잠겼는데 어디선가 배 한 척이 광장으로 떠내려 왔다. 그 배는 물이 빠진 뒤에도 광장 한복판에 덩그러니 남았다고 한다. 꽤 그럴듯한 이야기이지만 로마 사람들의 '과장된' 기질을 어느 정도 감안해서 들어야 할 것이다.

하얀 외관이 눈부신 삼위일체 성당.

❸ 하늘 높이 우뚝 솟은 삼위일체 성당Trinità dei Monti을 향해 계단을 올라가자. 성당의 하얀 외관은 햇살 좋은 날이면 앞이 안 보일 정도로 눈부시다. 로마에 오벨리스크가 모두 19개 있는데 삼위일체 성당 앞의 오벨리스크도 그중 하나다. 이집트 상형문자가 새겨져 있지만 실제로는 2세기에 로마 사람들이 이집트 오벨리스크를 모방해 제작한 것이다. 원래는 살루스티우스 정원Gardens of Sallustius에 있던 것을 1789년에 이곳으로 옮겨왔다. 쌍둥이 탑과 눈부신 치장 벽토 파사드를 앞세운 삼위일체 성당은 1502년 프랑스의 루이 7세가 건설했다. 책임 건축가는 카를로 마데르노Carlo Maderno였다. 스페인 계단 위에 특권적 위치를 선점한 만큼 꼭대기 테라스의 전망대 경치가 장관이다. 성당의 고요하고 시원한 내부도 스페인 계단의 복잡하고 열띤 풍경과는 극명한 대조를 이룬다. 두 번째 예배당에는 미켈란젤로의 제자 다니엘레 다 볼테라Daniele da Volterra, 1509~1566가 제작한 유명한 그림〈십자가에서 내려지는 그리스도The Deposition〉가 있다. 17세기 프랑스 예술가 푸생Nicolas Poussin이 세상에서 세 번째로 위대한 그림이라고 격찬한 작품이다.

오늘날 프랑스 국립아카데미가 된 메디치 저택.

❹ 성당에서 나오면 '삼위일체 거리' 트리니타 데이 몬티 거리 Via della Trinità dei Monti 로 우회전한다. 이 길 오른편의 메디치 저택 Villa Medici 은 오늘날 프랑스 국립아카데미다. 메디치 저택에서 가택연금당했던 갈릴레오에 대한 기록을 담은 기둥이 근처에 있으니 찾아보자. 메디치 저택과 정원을 안내하는 영어 투어가 매일 낮 12시에 진행된다.

메디치 저택에서 계속 나아가면 총기를 휘두르는 남자의 동상을 지난다. 이 멜로드라마 같은 19세기 기념비는 카이롤리 Cairoli 형제에게 바쳐진 것이다. 그들은 가리발디 장군과 함께 이탈리아 통일 운동에 앞장섰으며, 1867년 로마에 입성하다 전사했다.

길이 두 갈래로 갈라지면 아래쪽 가브리엘레 단눈치오 거리 Viale Gabriele d'Annunzio 로 들어선다. 거의 길 끝까지 가면 오른편 위쪽에 거대한 분수가 눈에 들어올 것이다. 분수를 지나 오른쪽으로 약간 꺾어 들어가면 비탈진 곳에 수목이 우거진 작은 공원이 있고, 그 모퉁이에 사자 상이 하나 있다. 살구색 벽을 따라 계단 위로 향하는 여러 길 중에 하나를 오른다. 이때 왼편에 공중화장실이 있으니 참고한다.

이탈리아 유명 인사들의 흉상이 늘어선 핀초 공원.

❺ 그늘진 작은 공원을 따라 계단을 오르다 보면 갑작스럽다 할 정도로 눈부시게 하얀 나폴레옹 1세 광장Piazzale Napoleone I 이 나타난다. 광장과 인접한 핀초 공원에는 이탈리아 유명 인사들의 흉상이 멋지게 늘어서 있다. 저마다 스타일이 다른데 코가 떨어져 나간 것도 있다. 광장 전망대에서 바라보는 로마 시내 풍경도 매혹적이다. 특히 해 질 녘 일몰 풍경이 굉장히 아름답다. 눈앞에 내려다보이는 타원형 광장은 19세기 건축가 발라디에르Giuseppe Valadier, 1762~1839가 1826년에 완성한 포폴로 광장Piazza del Popolo이다. 북쪽에서 로마에 진입하는 이들에게 로마에 대한 강렬하고도 감동적인 첫인상을 주기 위해 건설했다.

❻ 나폴레옹 1세 광장을 통과해 비알레 델로벨리스코Viale dell'Obelisco를 따라 오벨리스크로 향한다. 이 오벨리스크도 로마 사람들의 복제품으로 1822년에 핀초 언덕으로 이전되었다. 이는 하드리아누스 황제Hadrianus, 76~138가 사랑한 미소년, 안티노우스Antinous, 111~130가 익사했을 때 애도의 징표로 세운 수많은 기념비 중 하나다. 오벨리스크

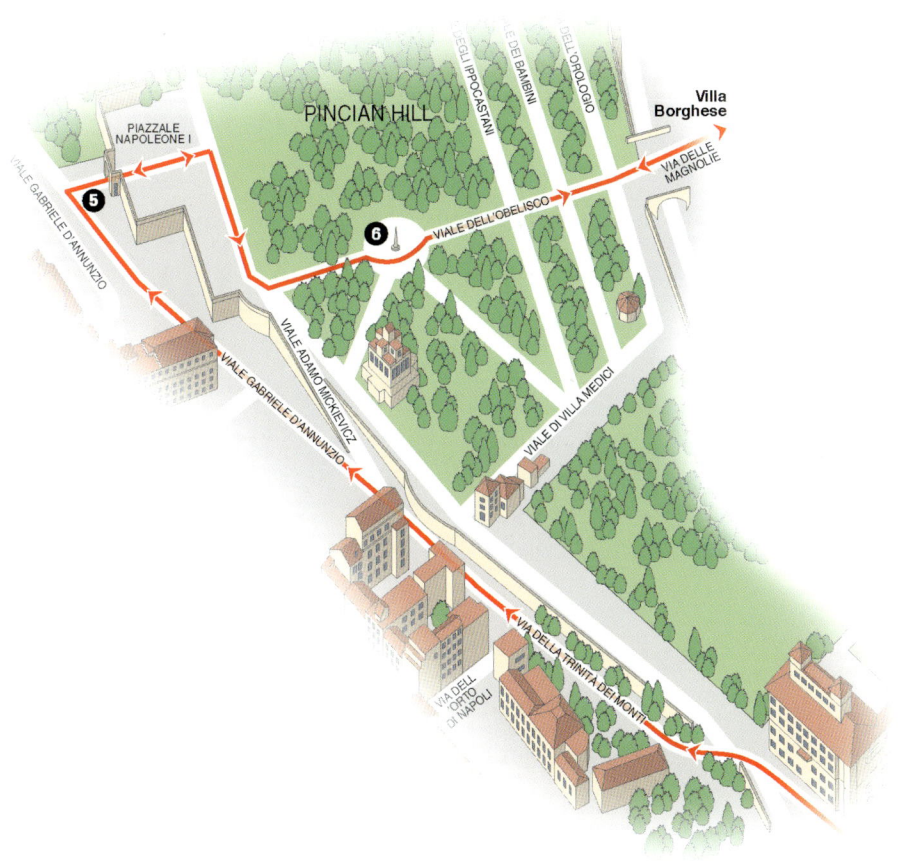

를 지나 공원을 가로질러 산책한다. 이런 곳에 꼭 빠지지 않는 거리 예술가들을 구경하며 미리 준비한 점심 도시락을 먹어도 좋으리라. 사람들이 롤러브레이드를 타고 놀라운 묘기 실력을 자랑하는 모습도 이 공원에서 종종 볼 수 있다. 핀초 언덕은 귀족들의 정원터로 매우 인기가 있었는데, 고대 로마의 쾌락주의자 루쿨루스 장군^{Lucullus}이 1세기에 개인 정원을 이곳에 세운 것이 그 유래가 되었다. 오늘날 우리가 만나는 핀초 언덕의 구획과 배치는 위대한 건축가 발라디에르^{Valadier}의 작품이다. 키 큰 플라타너스와 소나무, 늘 푸른 떡갈나무가 사시사철 그늘을 드리우는 넓은 산책로가 아름답다.

건축가 발라디에르가 1826년에 완성한 포폴로 광장.

❼ 아름다운 영국식 정원과 미술관이 있는 보르게세 저택 Vila Borghese 을 방문하고 싶다면 지도밖 비알레 델로벨리스코에서 마그놀리에 거리 Via delle Magnolie 로 곧장 직진한 다음 표지판을 따라간다. 그 외는 비알레 델로벨리스코 끝에서 좌회전해 델로롤로조 거리 Via dell' Orologio 로 간 다음, 그 끝에서 다시 좌회전해 발라디에르 거리 Viale Valadier 까지 계속 간다. 길 왼쪽편에 19세기 도미니크 수도승이 만들었다는 낡은 물시계가 있으니 놓치지 말자. 나폴레옹 1세 광장으로 되돌아가 나무숲을 헤치며 사자상을 지나 계단을 내려간 다음, 첫 번째 갈림길에서 우회전한다. 여기서 가파른 계단을 내려가면 바로 포폴로 광장이다. 아쉽게도 이 책에 수록한 지도 축척으로는 실제 우리가 만나게 될 전경을 세부적으로 그려낼 수 없다. 예를 들면, 나폴레옹 1세 광장 가장자리에 난간이 둘러져 있고, 그곳에 서면 포폴로 광장과 산 피에트로 성당을 한눈에 바라볼 수 있다. 공원으로 이어지는 층계는 나폴레옹 광장의 오른쪽, 즉 난간 끄트머리에 있다.

보르게세 저택.

❽ 아름답고 차가운 하얀색 건축물을 병풍처럼 두른 포폴로 광장은 흥분한 관광객과 시끌벅적한 거리 악사, 개구쟁이 현지 꼬맹이들까지 한데 뒤섞여 붐비는 매우 활기찬 곳이다. 각양각색의 사람을 구경하기에도, 대낮의 따뜻한 햇살을 즐기기에도 안성맞춤이다. 광장 북쪽 끝에 있는 기념비적인 대문은 포폴로 문Porta del Popolo이다. 17세기에 가톨릭으로 개종한 스웨덴 여왕 크리스티나Christina, 1626~1689가 로마에 입성하는 것을 경축하고자 건설했다. 포폴로 문 뒤에는 기원전 220년에 건설된 고대 거리, 플라미니아 거리Via Flaminia가 있다. 로마에서 이탈리아 전역으로 뻗은 모든 길이 이곳에서 시작했다고 해도 과언이 아니다. 길가에 산타 마리아 델 포폴로 성당Santa Maria del Popolo의 초기 르네상스 파사드가 다닥다닥 붙어 있다.

산타 마리아 델 포폴로 성당.

❾ 산타 마리아 델 포폴로 성당은 네로 황제 Nero, 37~68 의 망령을 쫓아내고자 11세기에 건설한 예배당 터에 세워졌다. 소문에 의하면 네로 황제의 묘가 주변에 있었다고 한다. 성당의 검소하고 단순한 외관은 성당 내부의 수많은 예술 소장품과 보물을 감추고 있는 연막일 뿐이다. 카라바조의 〈십자가에 못 박히는 성 베드로〉와 라파엘로의 아름다운 키지 예배당 Cappella Chigi이 특히 유명하다. 포폴로 광장 중앙에 무려 3천 년이나 된 오벨리스크가 있다. 아우구스투스 황제가 로마의 대형 원형 경기장, 치르코 마시모 Circo Massimo를 장식하기 위해 이집트 북부의 고대 도시 헬리오폴리스에서 가져온 것이다. 포폴로 광장으로 옮겨진 것은 '겨우' 400년 전의 일이다. 이처럼 로마에서 역사를 이야기하자면 시간을 재는 단위부터 달라진다. 포폴로 문과 오벨리스크에서 멀어져 남쪽으로 향하면 광장 모퉁이에 언뜻 보기에 쌍둥이처럼 보이는 성당이 두 채 있다. 산타 마리아 데이 미라콜리 성당 Santa Maria dei Miracoli과 산타 마리아 디 몬테산토 성당 Santa Maria di Montesan-

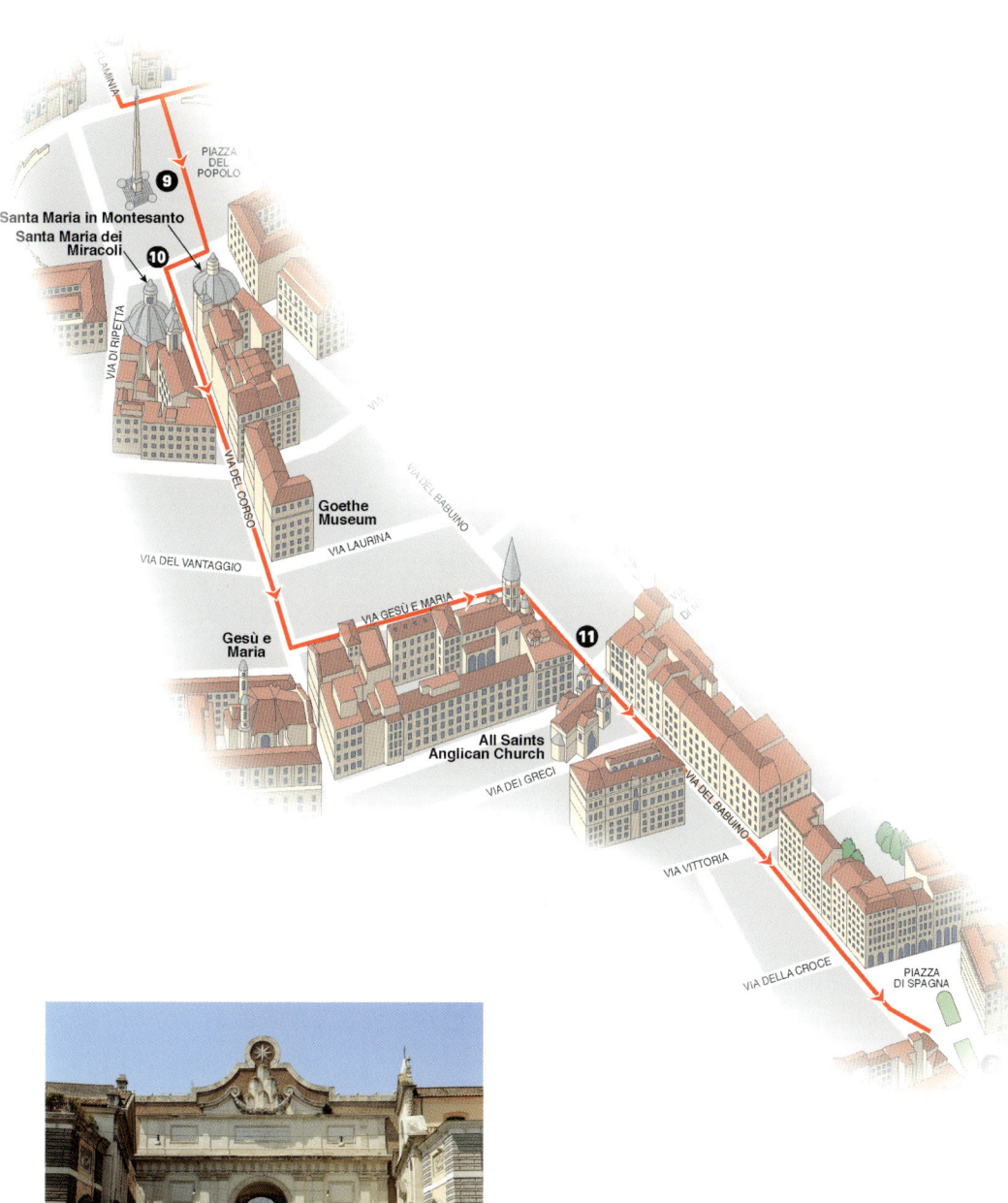

포폴로 문. 오른쪽이
산타 마리아 델 포폴로 성당이다.

to이다. 조심스럽게 살펴보면 이탈리아 바로크 건축가 카를로 라이날디Carlo Rainaldi, 1611~1691가 얼마나 정교하게 각기 다른 모양의 성당을 쌍둥이처럼 보이게 만들어 놓았는지 혀를 내두르게 된다.

❿ 두 성당 사이에 놓인 코르소 거리Via del Corso를 따라 내려가자. 코르소 거리는 포로 로마노까지 곧장 이어진다. 로마에서 아주 유명하고 인기 많은 쇼핑가 중 하나로 최고급 디자이너 체인점에서 독립 영세 상점들까지 한데 어우러져 있다. 왼편 18번지 건물은 독일의 대문호 괴테Goethe, 1749~1832가 한동안 거주했던 곳으로, 괴테는 이곳에서 로마와 열렬한 사랑에 빠졌다. 지금은 괴테의 삶과 작품을 소개하는 박물관이 들어섰다. 화려한 바로크 양식의 제수 에 마리아 성당Gesù e Maria 역시 라이날디의 작품이다. 성당 바로 앞에 같은 이름의 거리가 있다. 당장 이 매력적인 거리로 뛰어들고 싶겠지만, 잠시 성당 안을 둘러보자. 호화롭게 장식한 둥근 천장이 꽤 볼 만하다. 길가를 꽃으로 장식한 제수 에 마리아 거리Via Gesù e Maria는 흥미로운 가게들이 있는 비교적 한산한 거리다. 그다음에 이어지는 바부이노 거리Via del Babuino는 코르소 거리 못지않게 번화한 쇼핑가로 최고가의 명품 상점이 주를 이룬다.

⓫ 오른편에 자리한 신고딕 양식의 올 세인츠 영국국교회All Saints Anglican church는 19세기 영국인들의 전설적인 아지트였다. 계속해서 이어지는 명품 가게를 줄줄이 지나 스페인 광장과 스페인 계단으로 돌아오면 이번 코스는 막을 내린다. 지하철역은 왼편에 있다.

포폴로 광장에 있는 쌍둥이처럼 보이는 두 성당(위)과 코르소 거리 풍경(아래).

7 _ Del Popolo to S. Luigi dei Francesi
포폴로 광장에서
산 루이지 데이 프란체시 성당까지:
카라바조의 발자취를 따라

이번 코스는 세상에서 가장 아름다운 예술 작품을 중심으로 구성했다. 그 범위는 르네상스와 바로크 성당부터 귀족들의 화려한 저택, 고대 로마의 기념비적 유적지, 혁신적인 20세기 건축물까지 아우른다. 출발지는 포폴로 문이다. 포폴로 광장으로 이어지는 이 문은 고대부터 북쪽에서 로마로 진입하는 입구였다. 오늘날 포폴로 문은 유명한 코르소 거리를 지나 로마의 심장으로 곧장 이어진다. 포폴로 광장이 현재 모습을 갖춘 때는 교황이 대대적인 도시 재개발을 지휘했던 19세기 초다. 포폴로 광장은 가장 마지막으로 완성된 도시 계획 프로젝트였다. 포폴로 광장에서 뻗어나가는 세 갈래 길은 가장 왼쪽이 바부이노 거리, 중간이 코르소 거리, 가장 오른쪽이 리페타 거리 Via de Ripetta다. 모두 중세 골목의 아수라장을 정비하고자 했던 16세기 도심 개발 사업의 결과다. 이번 코스는 오늘날 누구나 살고 싶어 할 만한 멋진 주택가를 몇 군데 지난다. 대부분은 15~16세기에 기원을 두고 있지만, 아우구스투스 황제 광장은 로마에서 매우 보기 드문 20~21세기 재개발 지역이다.

포폴로 광장의 '테베레 강과 아니에네 강 사이에 있는 로마' 분수. 분수 뒤쪽으로 나폴레옹 1세 광장이 있고, 동쪽 계단을 올라가면 핀초 공원이다.

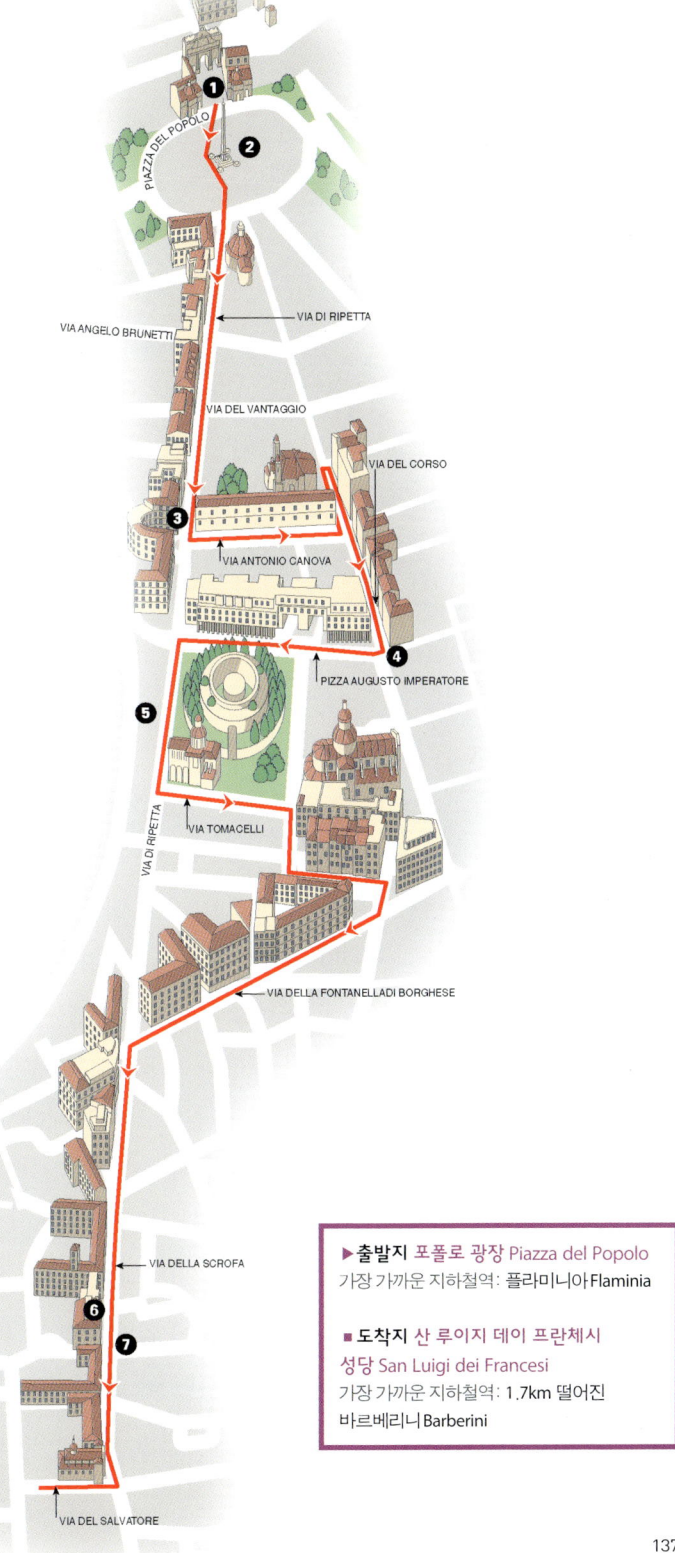

산타 마리아 델 포폴로 성당의 키지 예배당 내부.

❶ 포폴로 문을 등지고 섰을 때 왼편에 있는 계단을 올라 산타 마리아 델 포폴로 성당Santa Maria del Popolo으로 들어가자. 15세기 후반에 세워진 이 성당은 그 자체로 대단한 박물관이자 미술관이다. 단체 관광객은 보통 왼쪽 체라시 예배당Capella Cerasi으로 곧장 내려간다. 카라바조Michelangelo Merisi da Caravaggio, 1571~1610의 두 걸작, 〈십자가에 못 박히는 성 베드로Crocifissione di San Pietro〉와 〈성 바오로의 개종Conversione di San Paolo〉을 보기 위해서다. 소문대로 대단한 작품이니 놓치지 말자. 그 외에도 진귀한 예술 작품과 보물이 성당에 가득하다. 체라시 예배당에서 입구 쪽으로 가면 키지 가문의 키지 예배당Capella Chigi이 있다. 1513년 라파엘로가 설계를 시작해 1652~1656년 베르니니가 완성했다. 뛰어난 고전 조각상 〈하바쿠크와 천사Habakkuk and the Angel〉와 〈사자 굴의 다니엘Daniel in the Lion's Den〉도 이곳에 있다. 예배당 왼편에 마리아 플라미니아 오데스칼키Maria Flaminia Odescalchi를 기리는 로코코 양식의 초상 부조가 있다. 가늘고 긴 코에 올림머리를 한 우아한 그녀

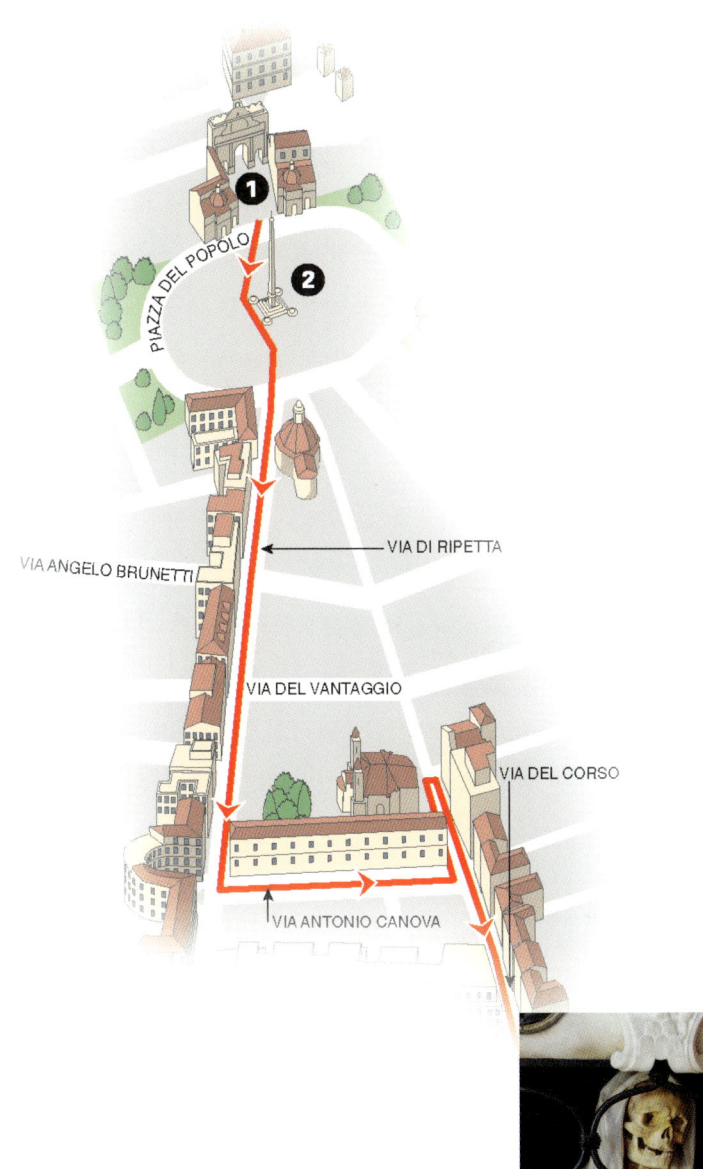

폴란드 출신의 이탈리아 건축가 G. B. 지슬레니(Giovanni
Battista Gisleni, 1600~1672)에게 바쳐진 섬뜩한
추모비. 산타 마리아 델 포폴로 성당에 있다.

의 고전적인 초상은 명문 귀족 혈통의 자태를 아낌없이 드러내고 있다. 그녀는 1771년에 셋째 아이를 낳다가 스무 살의 꽃다운 나이로 세상을 떠났다고 한다. 아름답지만 가슴 찡한 작품을 뒤로하고 예배당을 나와 핀투리키오 Pinturicchio, 1454~1513 의 프레스코화와 로마에 하나밖에 없는 중세 스테인드글라스도 눈여겨보자. 모두 중앙 제단 뒤편 예배당에 있다. 여러 성직자의 멋진 르네상스 무덤과 추모비도 놓칠 수 없다. 성당 오른쪽 두 번째 시보 예배당 Capella Cybo 에 있는 16세기 시칠리아 재스퍼 jasper, 벽옥 기둥도 근사하다.

❷ 포폴로 광장으로 나와 중앙에 우뚝 선 오벨리스크로 향한다. 기원전 1200년경에 제작된 이 오벨리스크는 아우구스투스 황제가 대형 원형 경기장을 장식하기 위해 이집트 헬리오폴리스에서 가져온 것이다. 오벨리스크 바닥의 사자 분수 네 개는 19세기 이집트 양식이다. 광장 건너편에는 쌍둥이처럼 보이는 매력적인 성당 두 채가 마주 보고 있다. 자세히 보면 왼쪽 성당의 돔은 12면이고, 오른쪽은 8면이다. 실내는 특별한 게 없으므로 통과한다.

오벨리스크에서 약간 오른쪽으로 나아가 리페타 거리 Via de Ripetta 로 들어서자. 이 거리에는 최고급 상점과 별난 구멍가게, 온갖 식당이 뒤죽박죽 자리를 잡고 있다. 그중에 19/20번지의 와인 상점 겸 와인바인 부코네 Buccone, 엄청나게 다양한 목재 끌을 전시하고 있는 26/27번지의 철물상 토레시 Toresi, 29번지의 이름 없는 독특한 골동품 인형 수리점, 미술 재료만 판매하는 60번지의 논 솔로 아르테 Non Solo Arte 가 특별히 눈여겨볼 만하다.

포폴로 광장 중앙에 우뚝 선 오벨리스크.

화려한 바로크 양식으로 둘러싸인 제수 에 마리아 성당 내부.

❸ 300미터 정도 가다 보면 오른편에 말굽 편자 모양의 독특한 건물이 있다. 여기서 좌회전해 유명한 베네치아 조각가의 이름을 딴 카노바 거리 Via A. Canova를 따라간다. 이 거리 16/17번지에 카노바의 작업실이 있었다고 한다. 이 길은 그 밖에도 온갖 고전적인 잡동사니로 가득하다. 길이 끝나면 번화한 코르소 거리가 나온다. 여기서 잠깐 좌회전해서 조금 가다 보면 제수 에 마리아 성당 Gesù e Maria이 있다. 화려한 바로크 양식의 성당 실내는 다채색의 대리석으로 둘러싸여 있다. 성당 건설을 후원한 볼로네티 Bolognetti 가문의 인물 조각상들이 정교한 고해소 위의 자그마한 발코니에서 손짓을 주고받으며 대화를 나누고 있다.

❹ 코르소 거리를 다시 내려와 폰테피치 거리 Via dei Pontefici로 우회전한다. 이곳의 '파시스트 광장' 아우구스투스 황제 광장 Piazza Augusto Imperatore은 1937~1940년에 건설되었다. 기원전 28년부터 기원후 14년까지 로마 제국을 통치한 아우구스투스 황제는 가까운 가족 및 후손들

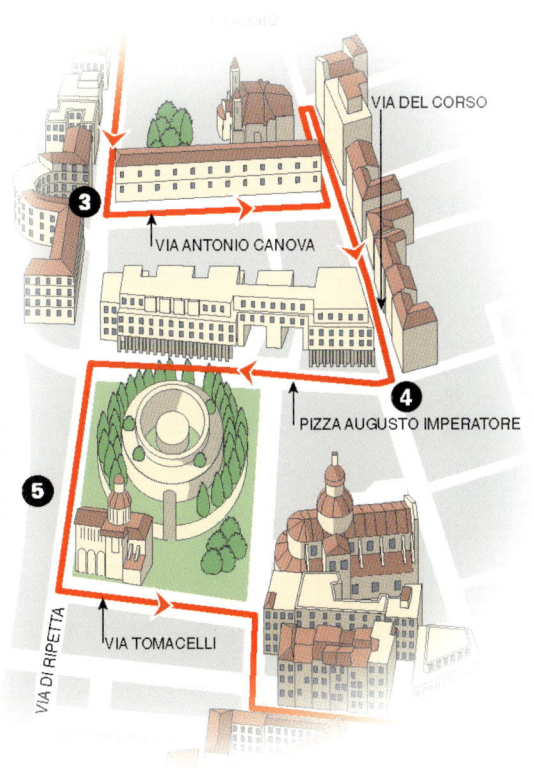

흥미로운 조각으로 벽을 장식한
안톤 카노바의 집.

과 함께 이곳 영묘에 안장되었다. 그러나 한때 웅장했던 아우구스투스 황제의 영묘는 다소 음울한 분위기의 벽돌 무더기만 남긴 채 사라진 지 오래다.

❺ 광장에서 고개를 들면 멀찌감치 커다란 흰색 건물이 눈길을 끈다지도 밖. 고색창연한 주변 풍광 속에서 단번에 튀는 이 현대식 건물은 아우구스투스 황제의 아라파치스Ara Pacis, 즉 '평화의 제단'을 전시하기 위해 미국 건축가 리처드 마이어Richard Meier, 1934~ 가 설계한 박물관이다. 흰색 대리석으로 절묘하게 제작한 평화의 제단은 매우 역사적인 작품으로, 황제 가족과 친지들, 신원을 알 수 없는 몇몇 인물의 행렬을 묘사하고 있다. 유용한 관련 자료가 꽤 있으니 관심이 있다면 참고한다. 토마첼리 거리Via Tomacelli 로 내려와 좁다란 몬테 도로 거리Via Monte d'Oro 로 들어선 다음 좌회전해 거대한 팔라초 보르게세Palazzo Borghese 앞을 건넌다. 아름다운 이 저택은 유감스럽게도 개인 주택이라 대중에게 공개되지 않는다. 클레멘티노 거리Via del Clementino를 따라 직진한 다음 스크로파 거리Via della Scrofa 가 나오면 좌회전한다. 이 주변에 술집과 식당이 많으니 때마침 출출하다면 이용하자. 또는, 캄파나 골목길Vicolo della Campana 근처 18번지에 로마에서 가장 오래된 레스토랑이라고 주장하는 라 캄파나La Campana 가 있으니 참고한다.

아우구스투스 황제의 아라파치스(위)와 아라파치스를 전시한 박물관(아래).

산타고스티노 성당의 파사드.

❻ 스크로파 거리를 계속 내려가면 오른쪽에 산타고스티노 거리Via di Sant' Agostino와 산타고스티노 광장이 있다. 높은 층계를 오르면 15세기에 건설된 산타고스티노 성당의 엄숙한 파사드가 나타난다. 성당 안 왼쪽에 카라바조의 매혹적인 작품 〈순례자들의 성모 마리아Madonna dei Pilgrims〉가 있다. 성모 마리아의 모델은 당시 권력자들의 사랑을 한 몸에 받았던 아름다운 창녀, 레나 안토네티Lena Antognetti다. 그림 속의 안토네티는 눈부신 비단 드레스를 입고 우량아를 안은 채 그녀의 집 문 앞에 다소 무심하게 서 있다. 그녀 앞에는 행색이 초라한 순례자 두 명이 무릎을 꿇고 '성모'를 찬양하고 있다. 이 모든 장면이 카라바조 특유의 빛으로 둘러싸여 있다.

중앙 복도 왼쪽 세 번째 기둥의 프레스코화는 라파엘로의 〈예언자 이사야The Prophet Isaiah〉다. 이 작품에 얽힌 뒷이야기가 재미있다. 당시 라파엘로는 매우 성공한 유명 화가라서 작품 값이 매우 높았다. 라파엘로에게 이 작품을 주문한 고객도 미켈란젤로에게 작품이 너무 비싸다고 투덜거렸다. 미켈란젤로는 그 말을 듣고 라파엘로의 작업을 보

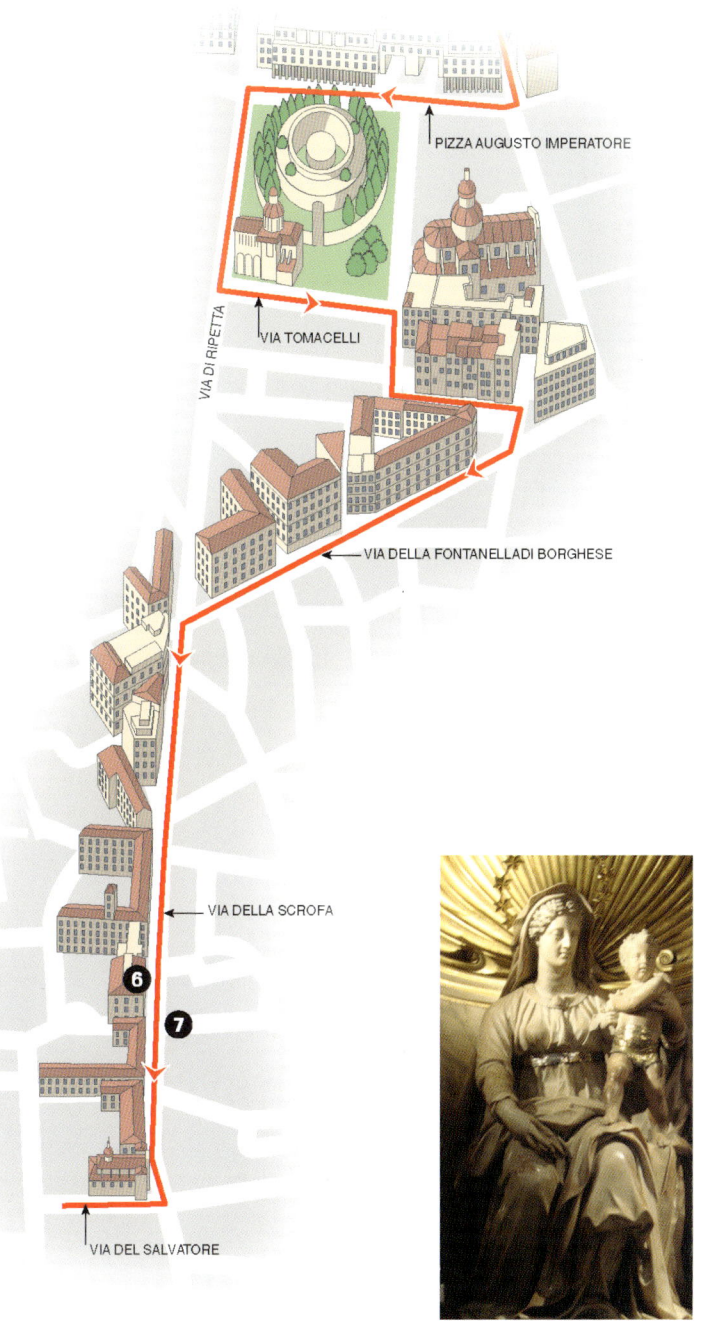

산타고스티노 성당의 〈해산한 성모 마리아〉.

러 갔는데, 그림 속 무릎 하나만으로 값을 하고도 남는다며 작품을 극찬했다고 한다. 중앙 문 옆에는 조각상 〈해산한 성모 마리아Madonna of Childbirth〉가 있다. 중년의 통통한 여인상은 고전적인 여신의 위엄을 뽐내고 있다. 성모가 안고 있는 아기 예수는 매우 다부지고 건강한 모습에 은빛 기저귀를 차고 있다. 이 조각상은 오늘날에도 다산의 상징으로 남아 아이를 원하는 수많은 여성이 순탄한 임신과 출산을 기원하러 찾아온다. 예배당을 뒤덮고 있는 수많은 장미 모양 리본을 보면 그 기도가 많이 이루어졌음을 짐작할 수 있다.

❼ 스크로파 거리로 돌아와 우회전한 다음 100미터 정도 더 가면 산 루이지 데이 프란체시 성당San Luigi dei Francesi이 있다. 다채로운 대리석으로 장식한 성당은 그 화려함이 지나쳐서 상스럽게 느껴질 정도다. 그러나 이곳에 카라바조의 작품이 하나도 아니고 셋이나 있으니 그냥 지나칠 수 없다. 모두 '성 마태오'의 일생을 묘사한 연작으로 왼쪽 마지막 예배당에 있다. 예배당 왼쪽의 그림은 〈성 마태오의 소명〉이다. 성 베드로와 함께 서 있는 예수가 그림 왼쪽 중앙에 자리한 성 마태오를 손가락으로 가리키고 있다. 오른편에서 왼편으로 가로지르는 빛줄기가 마태오를 비추고 있는 독특한 구조다. 당시 마태오는 세금 징수꾼이었는데 그 주변은 카드놀이꾼 복장을 한 불건전한 인물들이 둘러싸고 있다. 마태오도 그 자신을 손가락으로 가리키며 금방이라도 일어나 예수를 따라나설 참이다. 중앙 그림은 열심히 복음서를 써 내려가는 〈노년의 성 마태오〉다. 그에게 영감을 주고 있는 천사는 손가락을 하나하나 꼽아가며 복음서에 기록할 것들을 열거하고 있다. 그림을 자세히 보면 성 마태오가 무릎을 기대고 있는 의자가 무대처럼 보이는 곳에서 금방이라도 떨어질 듯 위태롭다. 예배당 오른쪽의 〈성 마태오의 순교〉는 성 마태오의 마지막 순간을 묘사하고 있지만,

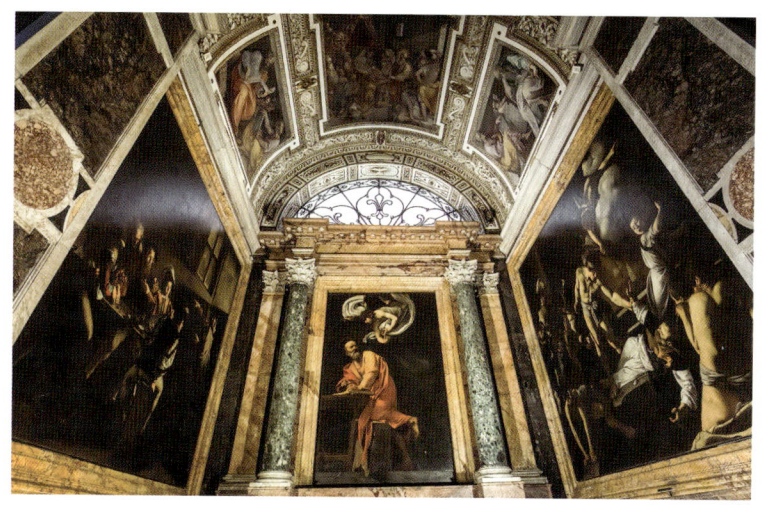

성 마태오의 일생을 묘사한 카라바조의 연작. 산 루이지 데이 프란체시 성당에 있다.

성 마태오가 어떻게 죽었는지는 아무도 모른다. 카라바조의 작품은 거의 벌거벗은 난폭한 젊은이가 바닥에 쓰러진 성인에게 최후의 일격을 가하기 직전이다. 천사 하나가 천국에서 종려나무 가지 하나를 성인에게 내밀고 있다. 종려나무 잎은 고대 로마 시절 전차 경기에서 우승한 자에게 주던 것으로, 후에는 승리와 기쁨을 상징하는 기독교 도상으로도 널리 쓰이게 되었다. '진실한' 신앙을 가진 자에게는 끔찍이 살해당하는 순간마저도 승리이자 기쁨이었던 것이다. 성 마태오의 오른쪽에서 관중에게 등을 돌린 채 상황을 관찰하고 있는 인물은 아마도 카라바조 자신일 것이다.

이처럼 천재적인 작품을 연이어 감상하고 나면 심신이 피로할지 모른다. 이때, 판테온Pantheon 앞의 수많은 카페나 술집 중 한 곳에서 쉬어가면 딱 좋다. 로마 최고의 커피 맛을 음미하고 싶다면 판테온 광장에서 좀 떨어진 타차 도로Tazza d'Oro나 약 200미터 떨어진 산 에우스타키오 광장Piazza S. Eustachio의 산 에우스타키오 일 카페Sant' Eustachio Il Caffè를 추천한다.

8 _ Pantheon to Palazzo Altemps
판테온에서 팔라초 알템프스까지:
역사 한가운데서 길을 잃다

이번 코스는 로마의 유명한 기념비들과 관광지가 밀집된 비교적 좁은 구간을 돌아본다. 로마의 고대 유적지 중 가장 잘 보존된 건축물과 로마에서 손꼽히게 아름다운 중세 성당 중 하나, 그리고 라파엘로의 프레스코화 걸작은 물론 보로미니와 베르니니의 바로크 걸작들도 만나 볼 것이다. 로마에 널려 있는 멋진 광장과 아름다운 분수는 말할 것도 없다.

이번 코스의 건축물을 제대로 감상하려면 수시로 위를 올려다 봐야 한다. 검소하지만 아름다운 건축물들이 다닥다닥 붙어 있는데, 무심히 걷기만 하다가는 아름다운 문과 창틀, 처마돌림띠, 마당 등을 간과하기 쉽다.

이번 코스에서는 '보기 좋게' 낡은 건물은 기대하지 말자. 이곳은 로마 사람들이 가장 살고 싶어 하는 깔끔한 주택가 중 하나이니 말이다. 또 사람들 발길이 닿지 않는 한적한 뒷골목에서 길을 잃을 염려도 없다. 판테온과 나보나 광장은 언제나 사람들로 붐비고, 거의 모든 거리와 골목에는 멋진 술집과 레스토랑, 아이스크림 가게가 빼곡하다. 한편, 나보나 광장 뒷골목이나 코로나리 거리의 좁은 통로, 작은 광장들을 거닐다 보면 중세와 르네상스 시절의 고풍스러움도 만끽할 수 있을 것이다.

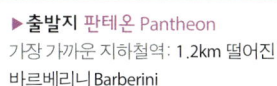

▶출발지 판테온 Pantheon
가장 가까운 지하철역: 1.2km 떨어진
바르베리니 Barberini

■ 도착지 산타폴리나레 광장
Piazza Sant'Apollinare
가장 가까운 지하철역: 2.7km 떨어진
산 피에트로 San Pietro

미네르바 광장에 있는
베르니니의 코끼리 조각상.

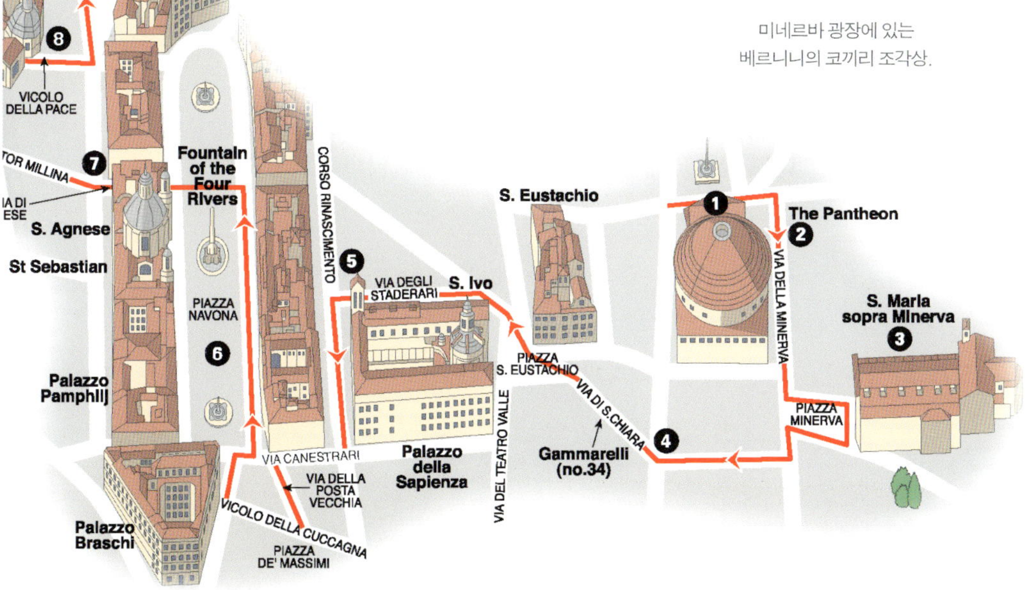

판테온은 로마의 모든 신에게 바친 신전이다.

❶ **판테온**Pantheon은 콜로세움과 함께 고대 로마가 남긴 가장 진귀한 건축 유산이다. 수많은 로마 시내 관광 코스에 판테온이 빠지지 않는 것도 당연하다. 오전 8시 30분에 문을 여는 순간부터 시간이 흐를수록 방문객 수가 기하급수적으로 늘어난다. 아침 일찍 찾으면 인파를 피해 그나마 여유롭게 둘러볼 수 있다. '판테온'이란 '만신전'이라는 뜻으로, 이름 그대로 로마의 모든 신에게 바쳐진 신전이다. 118년경 하드리아누스 황제 명으로 건축을 시작해 125년에 완성됐다. 판테온은 609년, 일찌감치 성당으로 변경되었는데, 그 덕분에 대부분의 다른 고대 로마 건축물처럼 완전히 파괴되거나 처참히 약탈당하는 사태를 피할 수 있었다. 하지만 한때 판테온 돔을 씌웠던 금박을 입힌 청동 타일은 콘스탄티노플로 보내졌고, 주랑 현관을 장식하던 청동 장식물도 바르베리니가의 교황 우르반 8세Urban VIII, 재위 1623~1644가 산 피에트로 성당의 발다키노천개(天蓋)와 대포를 만들기 위해 뜯어갔다. 그럼에도 불구하고 판테온은 로마에서 유일하게 원래 모습을 거의 그대로 간직한 고대 건축물이다. 주랑 현관의 기둥들을 가까이에서 보

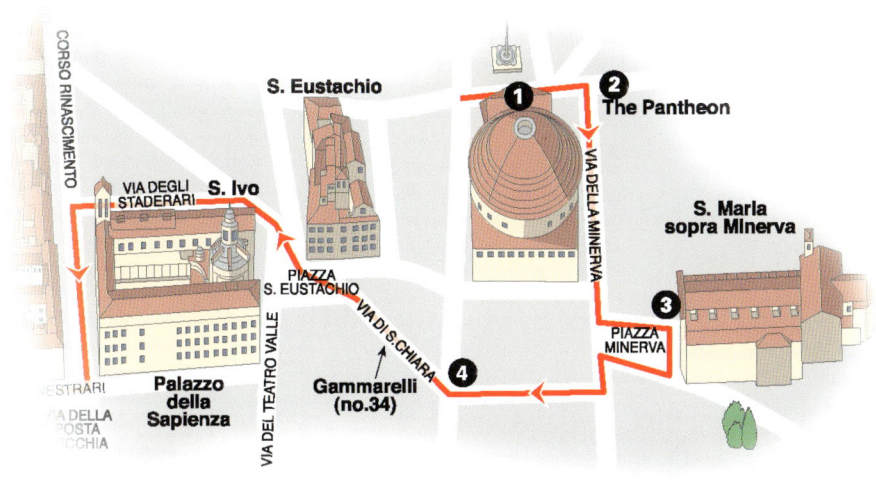

미네르바 광장에 있는
산타 마리아 소프라 미네르바 성당.

면 그 광대무변함에 감탄하게 된다. 대폭 보수되었지만 상당 부분이 원본 그대로인 청동문들도 인상적이다. 20세기가 될 때까지 받침대를 받치지 않은 가장 큰 원형 지붕이었던 판테온의 거대한 돔도 입을 못 다물게 한다. 안에는 라파엘로의 무덤도 있으니 놓치지 말자.

❷ 판테온 옆의 미네르바 거리 Via della Minerva 로 들어서면 곧 고상한 미네르바 광장 Piazza Minerva 을 만나게 된다. 광장 중앙의 자그마한 오벨리스크는 매력적인 대리석 코끼리를 품고 있다. 베르니니의 작품이다.

❸ 미네르바 광장의 산타 마리아 소프라 미네르바 성당Santa Maria sopra Minerva은 로마에서 유일한 고딕 양식 건축물이다. 건축학적으로도 완성도가 높지만 실내에 소장한 보물도 대단하다. 가장 대표적인 것이 오른쪽 맨 아래 카라파 예배당Cappella Carafa에 있는 필리피노 리피Filippino Lippi, 1457~1504의 프레스코 벽화다. 성모 마리아가 신의 아들을 잉태했다는 사실을 전해 듣는 수태고지 장면을 매우 정교하고 아름답게 묘사했다. 성모 마리아 앞에 아주 오만한 표정을 한 인물은 추기경 올리비에로 카라파Oliviero Carafa이다. 그 위로 동정녀 성모 마리아가 천국을 향해 둥실 떠올라 있고, 한 무리의 천사들이 악기를 연주하며 그 밑을 떠받치고 있다. 중앙 제단 뒤에는 거대한 교황 무덤이 두 개 있다. 왼쪽은 메디치 가문의 교황 레오 10세Leo X, 재위 1513~1521이고, 오른쪽은 클레멘스 7세Clemens Ⅶ, 재위 1523~1534다. 〈일어서는 그리스도〉로 알려진 중앙 제단 왼쪽의 대리석 조각상은 미켈란젤로가 만들기 시작해 다른 사람이 완성한 것으로 추정된다. 조각의 상체는 대가의 완벽한 솜씨가 돋보이지만 하체는 말도 못하게 조잡하다. 성당을 나와 파사드에 붙은 기록판을 보면 로마에 몇 번 대홍수가 났을 때 성당이 얼마나 물에 잠겼는지 알 수 있다. 매우 인상적인 기록이다. 그중 1870년 12월 홍수 때의 범람 기록은 꽤 현실성 있어 보이지만, 그보다 몇십 센티미터 위에 기록된 최대 홍수 기록은 다소 현실감이 떨어진다.

❹ 미네르바 광장에서 벗어나 산타 키아라 거리Via di Santa Chiara를 따라 우회전한다. 이곳에서 교황청 공식 재단사이자 독특한 의상을 판매하는 34번지 의상실, 감마렐리Gammarelli의 진열장을 구경해 보자. 여기서 더 나아가면 산 에우스타키오 광장Piazza S. Eustachio이 나온다. 광장 이름은 오른편의 작고 예쁘장한 성당 이름을 딴 것이다. 성당 꼭대

산타 마리아 소프라 미네르바 성당에 있는 필리피노 리피의 프레스코 벽화.

기는 수사슴 머리가 장식하고 있다. 성 에우스타키오는 친구 하드리아누스와 함께 사냥을 나갔다가 그가 막 잡으려던 수사슴의 뿔 사이로 십자가 환영을 보고 기독교로 개종했다. 덕분에 산 채로 구워질 운명이었던 수사슴도 끔찍한 죽음을 면했다고 한다.

커피 맛이 좋기로 유명한 산 에우스타키오 일 카페Caffè S. Eustachio il Caffè를 지나 약간 오른쪽으로 꺾은 다음 스타데라리 거리Via degli Staderari를 따라 올라가면 고대 로마의 거대한 화강암 분수를 지난다. 또는, 산 에우스타키오 광장에서 테아트로 발레 거리Via del Teatro Valle로 좌회전하여 거의 곧바로 6/7번지의 문을 통과하면 2층짜리 주랑 현관이 있는 우아한 안뜰이 나타난다. 바로 '지혜'라는 뜻의 팔라초 사피엔차Palazzo della Sapienza이다. 원래는 1303년에 바티칸 대학으로 설립되었으나 오늘날의 모습은 대부분 16~17세기에 완성되었다. 이곳에서 가장 볼 만한 건축 유산은 끝에 있는 산티보 성당Sant'Ivo alla Sapienza 이다. 1642~1652년 보로미니가 설계했고, 나선형의 환등이 특히 환상적이다.

좁고 기다란 형태의 나보나 광장.

❺ 건물 반대편 문으로 빠져나오거나 스타데라리 거리 끝까지 가서 코르소 리나스치멘토 Corso Rinascimento를 건넌다. 왼쪽으로 가다가 카네스트라리 거리 Via Canestrari로 들어서자. 포스타 베키아 거리 Via della Posta Vecchia에서 좌회전하면 마시미 광장 Piazza de'Massimi이 나온다. 이곳 1a번지는 1467년에 로마 최초의 책이 인쇄된 곳이다. 광장 한쪽 면에는 프레스코 벽화가 어슴푸레 남아 있다. 이는 16세기 로마에서 실외 프레스코 벽화가 유행했던 흔적이다. 안타깝게도 지금까지 남아 있는 벽화는 거의 없다. 비좁은 쿠카냐 골목길 Vicolo della Cuccagna을 따라 끝까지 가면 거대한 팔라초 브라스키 Palazzo Braschi가 나온다. 교황 피우스 6세 Pius VI, 재위 1775~1799가 직계 가족을 위해 설계한 저택으로 교황 사택 중에서는 가장 큰 규모다. 중앙 계단이 특히 아름다우며 오늘날에는 로마 박물관 Museo di Roma으로 쓰이고 있다. 17~19세기의 흥미로운 초상화와 흉상, 의상 등은 당시 로마 귀족과 성직자들의 일상을 엿볼 수 있다. 박물관 입구는 다른 쪽에 있으니 참고한다.

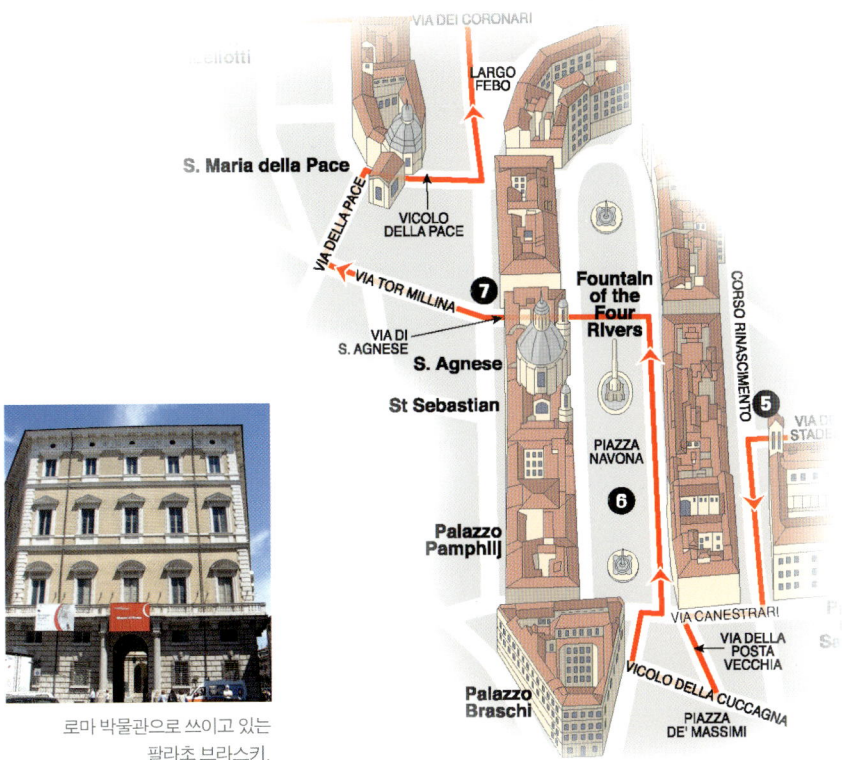

로마 박물관으로 쓰이고 있는
팔라초 브라스키.

❻ 로마 박물관을 나오면 오른쪽에 바로 그 유명한 나보나 광장Piazza Navona이 있다. 로마에서 가장 아름답고 극적인 대광장이다. 좁고 기다란 광장을 빼곡히 둘러싼 건물은 모두 기원후 81~86년 사이에 도미티아누스 원형 경기장의 폐허 위에 세워졌다. 광장 왼쪽의 거대한 건물 복합체는 교황 인노첸시오 10세Innocentius X, 재위 1644~1655의 가족이 살았던 팔라초 팜필리Palazzo Pamphilj이다. 저택에 딸린 산타그네세 인 아고네 성당Sant'Agnese in Agone도 매우 아름답고 화려하다. 성 아그네스가 이 광장에서 순교한 것으로 전해지며, 성당 안 오른쪽에 화염에 휩싸인 성인의 동상이 있다. 그 오른쪽에는 화살에 꿰뚫린 성 세바스찬의 다소 과장스러운 모습의 동상도 있다. 성 아그네스의 해

골을 안장한 작은 예배당도 있다. 저택과 성당은 대부분 보로미니의 작품이다. 성당 앞에 우뚝 솟은 오벨리스크와 환상적인 네 강의 분수 Fontana dei Quattro Fiumi 는 베르니니의 작품이다. 이 분수에 묘사된 네 개의 강은 당시에 각 대륙에서 가장 긴 강으로 여겨졌다. 아메리카 대륙의 라플라타 강 La Plata, 사실 아메리카에서 가장 긴 강은 아마존 강이다.은 반은 아르마딜로고, 반은 앨리게이터인 괴상한 동물이 한쪽을 차지하고 있다. 다른 한쪽은 선인장이다. 유럽 대륙의 다뉴브 강은 말, 아시아 대륙의 갠지스 강은 다소 쇠약한 뱀으로 묘사되었다. 아프리카의 나일 강은 사자와 야자수로 상징했다. 광장 둘레는 떠들썩한 바와 레스토랑이 빼곡하게 둘러싸고 있다. 광장 중앙에는 거리 예술가들이 가득하다. 나보나 광장은 로마에서 매우 인기 있는 명소인 만큼 시끌벅적한 인파를 피하려면 아침 일찍 방문하는 게 좋다.

❼ 분수 뒤편의 산타그네세 거리 Via di Santa'Agnese 를 통과해 토르 밀리나 거리 Via di Tor Millina 로 나아가면 금방 작은 광장이 나온다. 모퉁이에 세련된 술집, 엠포리오 알라 파체 Emporio alla Pace 가 있다. 초목으로 둘러싸인 이곳은 영화 스타들이 즐겨 찾는 곳이다. 그 오른쪽 파체 거리 Via della Pace 로 계속 가면 길 끝에 경쾌한 외관을 자랑하는 산타 마리아 델라 파체 성당 Santa Maria della Pace 이 있다. 성당 본체의 역사는 1480년대까지 거슬러 올라간다. 환상적인 반원형 주랑 현관은 1656년에 더해진 것이다. 성당이 문을 여는 시각은 자주 바뀌고 제멋대로이지만 키지 예배당 아치 위에 있는 라파엘로의 유명한 작품 〈무녀 The Sibyls〉 1514를 보기 위해서라도 꼭 한번 방문할 가치가 있다. 참고로 키지 가문은 라파엘로의 주요 단골 고객이자 후원자였다.

나보나 광장에 있는 네 강의 분수(위)와 산타 마리아 델라 파체 성당의 반원형 주랑 현관(아래).

❽ 성당 오른쪽의 파체 골목길 Vicolo della Pace을 따라 우회전한다. 길 끝에서 좌회전해 페보 대로 Largo Febo를 따라가다가 코로나리 거리 Via dei Coronari가 나오면 다시 좌회전한다. 쭉 뻗은 코로나리 거리에는 아름다운 건물과 골동품 상점이 가득하다. 작은 광장과 분수를 지나 란첼로티 거리 Via Lancellotti와 수수한 팔라초 란첼로티 Palazzo Lancellotti도 지나면 오른쪽에 단조로운 산 살바토레 인 라우로 광장 Piazza San Salvatore in Lauro이 나온다. 이곳의 산 살바토레 인 라우로 성당은 도도한 인상을 풍기는데, 실내에는 별로 볼 것이 없다. 그러나 성당 왼편의 수도원으로 들어가는 문을 통과하면 완전히 다른 세상이다. 문지기가 감시하고 있지만 점잖은 방문객은 보통 눈감아 준다. 회랑과 연결된 안뜰 중앙에 분수가 평화롭게 흐르고 있다. 모두 15세기 말에 건설된 것이다. 문지기에게 조심스럽게 요청하면 접근이 제한된 수도원 식당에 들여보내 줄지도 모른다. 그곳에 이사이아 다 피사 Isaia da Pisa가 제작한 베네치아 출신의 교황 에우게니우스 4세 Eugenius IV, 재위 1431~1447의 환상적인 무덤이 있다.

산 살바토레 인 라우로 성당.

❾ 마르키자니 골목길 Vicolo dei Marchigiani을 따라가다가 토르 디 노나 거리 Via Tor di Nona에서 우회전한다. 몇 블록 지나 델라르코 디 파르마 거리 Via dell'Arco di Parma가 나오면 우회전한다. 마스케로 도로 거리 Via della Maschero d'Oro에서 좌회전해 낡은 프레스코 벽화가 있는 7번지와 새김장식이 있는 9번지 대저택을 지난다. 곧 왼쪽에 아르코 델리 아콰스파르타 Arco degli Acquasparta라는 통로가 나온다. 이곳의 15세기 건물 피아메타의 집 Casa di Fiammetta은 대부분 재건축되었지만 그래도 여전히 매력적이다. 당시 유명했던 고급 창녀의 이름을 딴 집인데, 오늘날

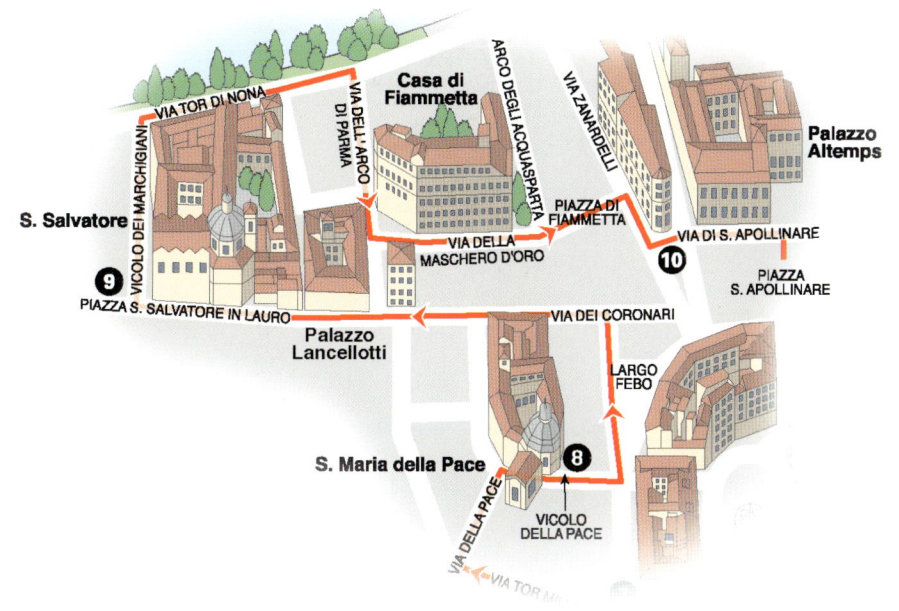

은 금융회사 사무실들이 들어섰다. 건물을 돌아 피아메타 광장Piazza di Fiammetta에서 정면에 보이는 대저택으로 향한다.

❿ 자나르델리 거리Via Zanardelli를 건너 산타폴리나레 거리Via di Sant'Apollinare를 따라 내려가면 15세기에 지은 웅장한 저택 팔라초 알템프스Palazzo Altemps가 있다. 안뜰의 주랑 현관이 매우 아름다우며 현재 고고학 박물관으로 쓰인다. 로마 최고의 고대 조각상들을 대거 소장하고 있는데, 그 중에서도 루도비시의 옥좌Ludovisi Throne가 으뜸이다. 박물관 입구는 산타폴리나레 광장Piazza Sant'Apollinare에 있다.

팔라초 알템프스.

9 _ Piazza Venezia to San Lorenzo in Lucina

베네치아 광장에서
산 로렌초 인 루치나 성당까지:
최상류층의 삶, 귀족의 저택들

이번 코스에서는 유럽에서 가장 크고 호화로운 개인 저택들을 둘러볼 것이다. 대부분 애초에 건물을 지은 '원조 가문'이 여전히 살고 있다. 이번 코스에서 소개하는 가문들은 적어도 한 명 이상의 교황을 배출한 쟁쟁한 명문가이다. 1450년에서 1800년 사이 로마는 교황의 족벌주의와 친족 등용이 만연했기 때문에, 자기 가문에서 교황이 나오기만 하면 가까운 친인척은 엄청난 특권과 이권을 누릴 수 있었다. 한편, 다른 저택에 비해 상당히 밋밋한 저택도 하나 만나게 될 텐데 스튜어트 왕가의 마지막 후손이 살았던 곳이다. 영국 왕좌를 잃고 쫓기다시피 로마로 내려온 비운의 스튜어트 왕가는 이곳에서 왕위 복권의 희망을 완전히 잃고 말았다.

이번 코스는 로마의 정치적 심장인 국회와 국무총리의 공식 주거지도 지난다. 로마에서 어디를 가나 빠지지 않는 아름다운 광장과 예술 작품으로 가득한 성당도 몇 군데 둘러볼 것이다. 고대 로마의 기념비적인 유적지도 두어 군데 포함하고 있으며, 이집트에서 가져온 오벨리스크도 있다. 이 지역 전체가 상류층의 주거지이자 활동 무대인 까닭에 세련된 디자이너 상점과 최고급 술집, 레스토랑도 많다. 꽤 고된 하루 여정을 마치고 자동차 없는 광장에서 가벼운 식사에 술도 한잔 할 수 있는 멋진 식당을 두어 곳 소개하겠다.

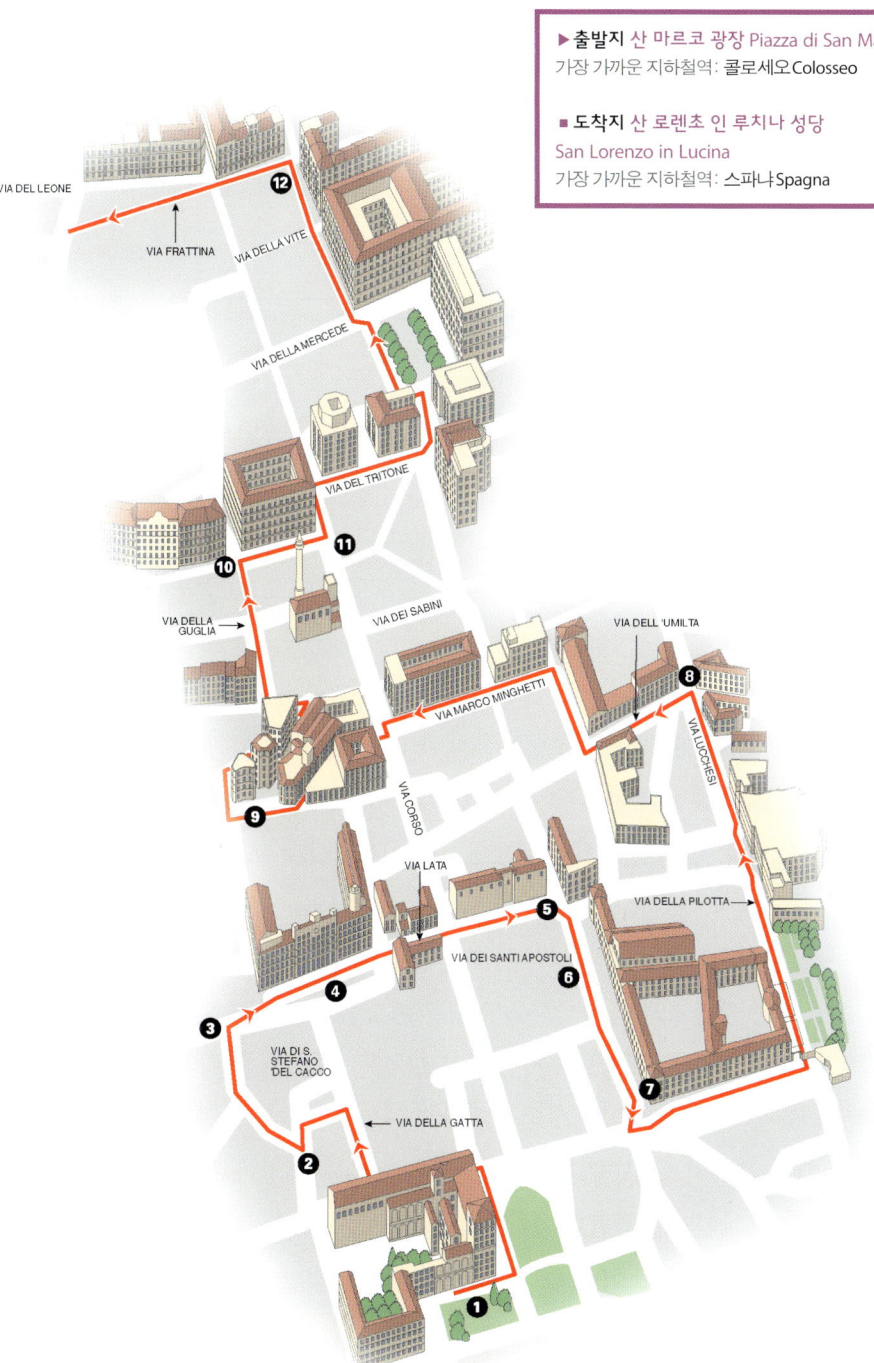

비토리오 에마누엘레 2세 기념관에서 내려다본 베네치아 광장. 왼쪽 건물이 팔라초 베네치아이다.

❶ 이번 코스는 베네치아 정취가 물씬 풍기는 산 마르코 광장Piazza di San Marco에서 출발한다. 이곳은 1460년대에 거의 완성된 산 마르코 성당이 분위기를 장악하고 있다. 성당은 환상적인 천장과 9세기의 모자이크가 인상적이다. 성당이 붙어 있는 거대한 건물은 베네치아 출신의 교황 바오로 2세Paul Ⅱ, 재위 1464~1471가 건설한 팔라초 베네치아Palazzo Venezia이다. 한때 베네치아 외교관이나 성직자들이 로마에 방문할 때 이곳에 머물렀다고 한다. 이 저택은 무솔리니의 사무실로도 쓰이다가 많은 우여곡절 끝에 결국은 로마에서 가장 기이하고 흥미로운 박물관 중 하나로 자리 잡았다. 박물관은 온갖 그림과 도자기, 갑옷과 무기, 정교한 청동과 석조 조각품 등으로 가득하다. 베네치아 광장Piazza Venezia을 따라 무솔리니가 군중을 향해 연설하던 발코니 밑을 통과한 다음, 플레비스치토 거리Via del Plebiscito에서 좌회전한다. 박물관 입구를 지나자마자 우회전해 가타 거리Via della Gatta를 내려가면 그라치올리 광장Piazza Grazioli이 나온다. 이때, 모퉁이에 자그마한 석조 고양이가타를 올려다보자. 광장 왼쪽에는 팔라초 그라치올리Palazzo

Grazioli가 있다. 건축학적으로는 별 특징이 없지만 이탈리아 총리를 세 차례나 역임한 악명 높은 실비오 베를루스코니 Silvio Berlusconi가 최근 이곳에 거주하면서 유명세를 얻었다.

❷ 그라치올리 오른쪽 산 스테파노 델 카코 거리 Via San Stefano del Cacco를 100미터 정도 따라가면 엄청나게 큰 대리석 발 피에 디 마르모 Piè di Marmo가 나온다. 한때 이곳에 있었던 거대한 여인상의 잔해다.

피에 디 마르모.

팔라초 도리아 팜필리의 외관.

❸ 피에 디 마르모 거리 Via del Piè di Marmo 맞은편 21/22번지에 매우 유서 깊은 수제 초콜릿 가게 모리온도 에 가릴리오 Moriondo e Gariglio 가 있다. 이 거리에서 우회전하면 널찍한 콜레조 로마노 광장 Piazza del Collegio Romano 이 나온다. 그 이름은 광장 왼쪽 면을 다 차지한 거대한 예수회 신학 대학의 이름을 딴 것이다. 신학 대학 건물은 16세기 후반에 건설되었으며, 예수회 창시자 성 이냐시오의 계율에 따라 전 세계를 개종하고 계몽하기 위한 수많은 예수회 선교사와 신학자들을 배출했다.

❹ 광장 맞은편에 신학 대학만큼 거대한 팔라초 도리아 팜필리 Palazzo Doria Pamphilj 가 있다 나보나 광장에 있는 팔라초 팜필리와 혼동하지 말자. 교황 인노켄티우스 10세를 배출한 팜필리 가문이 거주하던 곳이다. 저택의 호화찬란한 취향은 교황의 사치스러운 형수인 도나 올림피아 Donna Olimpia 의 영향이다. 저택 안은 매우 진귀한 개인 소장 예술품으로 가득하다. 대표적으로 카라바조의 〈참회하는 막달레나〉와 〈이집트로 피신하던 중에 취한 휴식〉이 유명하다. 티치아노 Tiziano 의 〈살로메와 세례 요한의

팔라초 도리아 팜필리의 호화로운 내부.

머리〉, 라파엘로의 이중 초상화, 한스 멤링Hans Memling의 〈십자가 내림〉도 놓칠 수 없다. 하지만 무엇보다 유명한 걸작은 벨라스케스Diego Velázquez의 〈인노켄티우스 10세의 초상화〉다. 이처럼 도리아 팜필리는 미술사에 빠지지 않는 세계 최고급 예술품을 많이 소장하고 있다. 이 밖에도 잘 만든 흉상 수백 개가 호화로운 전시실에 진열되어 있는데 그중에서도 알가르디Alessandro Algardi, 1598~1654가 제작한 고약한 도나 올림피아의 흉상이 눈에 띈다. 팔라초 도리아 팜필리 입구는 코르소 거리 305번지에 있다. 광장 끄트머리의 짤막한 라타 거리Via Lata를 통해 광장을 벗어난다. 길 왼편에 물통을 들고 있는 낡은 노인 동상이 있는데, 보기보다 물맛이 좋다. 길 오른편 건물은 화려하게 장식한 산타 마리아 인 비아 라타 성당Santa Maria in Via Lata이다. 코린트식 기둥으로 설계한 독특한 파사드는 17세기 중반, 피에트로 다 코르토나Pietro da Cortona, 1596~1669가 설계했다. 코르소 거리를 건너 산티 아포스톨리 거리Via dei Santi Apostoli를 따라 길 끝에서 오른쪽으로 접어든다.

❺ 여기서부터 산티 아포스톨리 광장Piazza Santi Apostoli이 시작되는데, 왼편의 웅장한 성당은 사도 성 야고보와 성 필립보에게 바쳐진 산티 아포스톨리 성당이다. 두 사도의 유해는 중앙 제단 아래의 고풍스러운 석관에 안장되어 있다. 성당의 주랑 현관 한쪽 끝에 조각가 안토니오 카노바Antonio Canova, 1757~1822가 판화가 조반니 볼파토Giovanni Volpato, 1735~1803에게 헌정한 추모비가 있다. 1807년에 제작된 이 작품은 아미티치아Amiticia, 즉 '우정'이라는 이름의 한 여인이 죽은 남자의 초상 앞에서 흐느끼고 있는 모습이다.

산티 아포스톨리 성당에 있는 아미티치아 추모비.

그 예술적 솜씨도, 작품에 깃든 의미도 몹시 아름답고 감동적이다. 광장 49번지 팔라초 발레스트라Palazzo Balestra는 영국 왕 제임스 2세가 강제로 퇴위당한 뒤 스튜어트 가문이 살았던 곳이다. 제임스 2세의 왕자는 스스로를 제임스 3세라 칭했지만, 이곳은 두 세대가 넘도록 스튜어트 왕가의 망명지로 자리 잡았다. '보니 프린스 찰리'로 유명한 제임스 3세의 두 아들, 찰스 에드워드와 헨리 스튜어트도 이곳에서 태어나고 죽었다.의 망명지로 자리 잡았다. '보니 프린스 찰리'로 유명한 제임스 3세의 두 아들, 찰스 에드워드와 헨리 스튜어트도 이곳에서 태어나고 죽었다.

❻ 성당 맞은편 80/81번지의 웅장한 건물은 팔라초 오데스칼키Palazzo Odescalchi로 교황 인노켄티우스 11세 Pope InnocentiusXI, 재위 1676~1689의 후손들이 살고 있으며, 사유재산으로 대중에 공개되지 않는다.

❼ 광장 왼편 끄트머리 53~68번지는 팔라초 콜로나Palazzo Colonna이다. 교황 마르틴 5세Martin V, 1417~1431를 배출한 콜로나 가문의 저택이다.

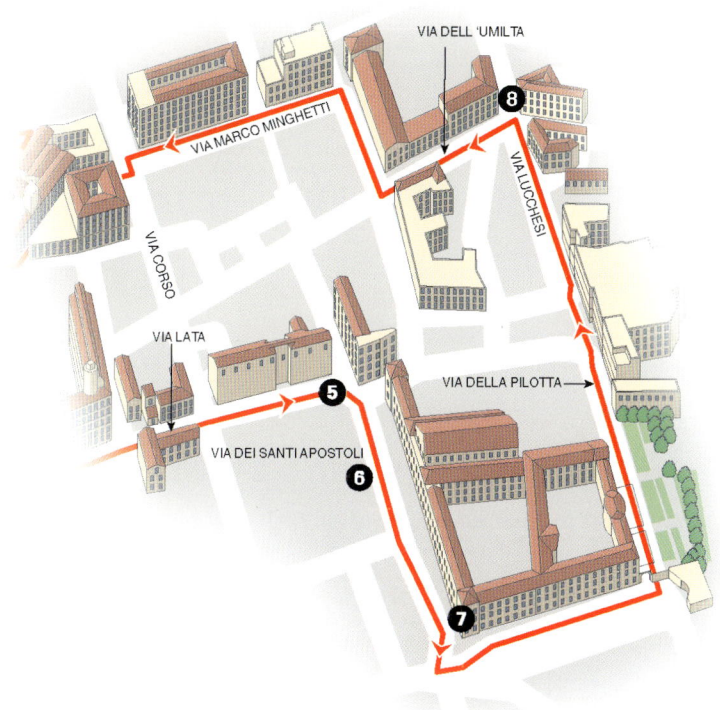

로마에서 가장 큰 개인 저택으로 알려져 있다. 현재의 모습은 대부분 17~18세기에 완성된 것이지만, 콜로나 가문이 이 지역에 자리 잡은 지는 무려 700년이 넘었다고 한다. 그만큼 콜로나 가문은 이곳에 진귀한 그림과 예술 작품도 수없이 소장하고 있다. 팔라초 도리아 팜필리의 소장품들과는 비교할 수 없지만, 전시관과 홀, 특히 대연회장만큼은 여느 저택이나 미술관 못지않게 웅장하고 아름답다. 팔라초 콜로나 미술관은 토요일 오전 9시부터 오후 1시 15분까지만 방문할 수 있다. 입구는 저택의 다른 편 필로타 거리 Via della Pilotta 17번지에 있다. 필로타 거리는 산티 아포스톨리 광장 Piazza Santi Apostoli 끝에서 좌회전해 콰트로 노벰브레 거리Via Quattro Novembre를 올라가다 첫 번째 갈림길에서 좌회전하면 나온다. 경쾌한 분위기의 필로타 거리를 계속 따라가면 우아한 석조 다리 아래를 통과하는데, 이 다리는 언덕 위로 뻗어 나간 저택의 개인 테라스 정원들과 연결된다. 오른쪽에 바티칸의 그레고리 대학이 있는 필로타 광장Piazza della Pilotta을 지나 루케시 거리Via dei Lucchesi로 간다. 그 끝에서 좌회전해 100미터 정도 가면 오라토리오 광장Piazza dell'Oratorio이 있다.

❽ 오른쪽의 예스러운 갈레리아 시아라Galleria Sciarra로 들어가자. 1880년대에 건설된 쇼핑 구간으로 뒤쪽은 현재 은행이 들어선 팔라초 시아라Palazzo Sciarra와 연결된다. 갈레리아 시아라를 통과하면 좌회전해 마르코 밍게티 거리Via Marco Minghetti를 따라 관광 안내소를 지난다. 코르소 거리를 다시 건너 몬테카티니 거리Via Montecatini로 내려간다. 그 끝에서 우회전하면 로마에서 가장 아름다운 소광장, 산티냐치오 광장Piazza di Sant'Ignazio이 나온다. 마치 극장 무대 같은 소광장의 주인공은 웅장한 산티냐치오 예수회 성당이다. 화려한 성당은 대리석과 청금석의 총집합이다. 안드레아 포초Andrea Pozzo, 1642~1709의 실감 나는 멋진 프레스코 벽화가 유명한데, 특히 거대한 둥근 천장은 그야말로 감쪽같다. 하지만 막상 그 아래 서서 보면 진짜 같은 돔은 평면에 그려진 '속임수'임을 알 수 있다.

산티냐치오 예수회 성당의 화려한 내부(위)와 산티냐치오 광장(아래).

하드리아누스 신전의 폐허 위에 자리 잡은 상공회의소.

❾ 광장 끝에서 부로 거리Via de' Burro를 따라 피에트라 광장Piazza di Pietra으로 간다. 광장과 나란히 선 건물은 하드리아누스 신전의 폐허 위에 자리 잡은 상공회의소다. 피로가 몰려든다면 이곳의 라 카페티에라La Caffettiera에서 쉬어 가자. 로마에서 손꼽히는 고풍스러운 카페로, 훌륭한 나폴리 커피와 페이스트리를 맛볼 수 있다. 그중에서도 특히 나폴리 지방의 유명한 빵 스포글리아텔라 나폴레타나Sfogliatella Napoletana가 인기다. 광장에서 웅장한 팔라초 치니Palazzo Cini를 향해 잠시 나아가다가 굴리아 거리Via della Guglia가 나오면 우회전한다.

❿ 이 길 끝에서 왠지 짜깁기한 것 같은 오벨리스크를 지나면 어느새 단조로운 팔라초 몬테치토리오Palazzo Montecitorio와 마주하게 된다. 바로 이탈리아 국회의사당이다. 그 오른쪽의 웅장한 건물은 이탈리아 총리의 공식 주거지인 팔라초 키지Palazzo Chigi이다. 그 앞에는 기원후 161~180년까지 재위한 마르쿠스 아우렐리우스 황제의 기둥이 있다. 트라야누스 기념주만큼 정교하지도 않고 보존 상태도 열악하지만 아

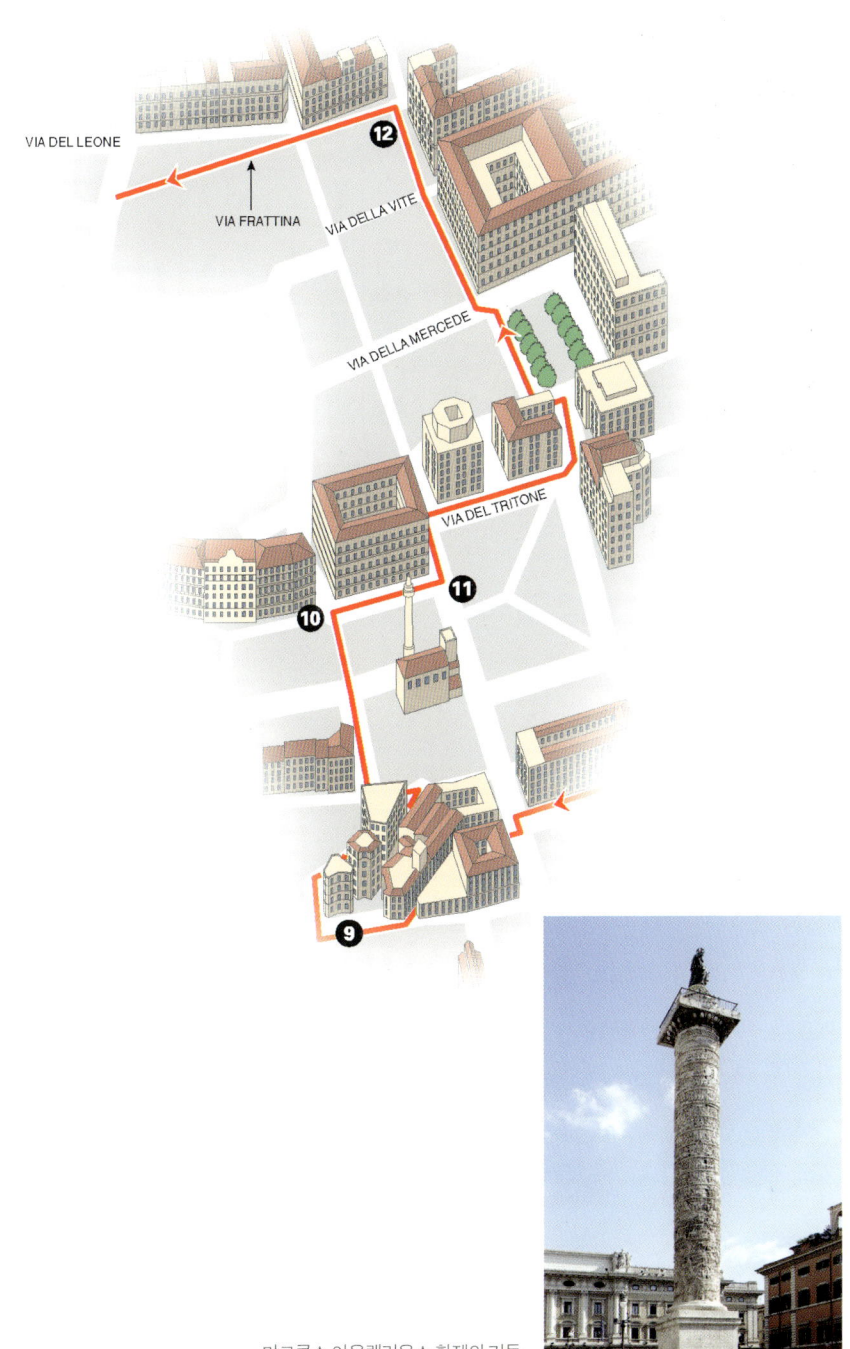

마르쿠스 아우렐리우스 황제의 기둥.

이탈리아 총리의 공식 주거지인 팔라초 키지.

우렐리우스 황제가 수많은 동유럽 국가에서 거둔 승리와 업적을 기록한, 그것도 로마 중심가에 유일하게 남아 있는 진귀하고 위대한 기념비다.

⓫ 코르소 거리를 또 한 번 건너 왼쪽의 넓은 쇼핑 아케이드를 지나 트리토네 거리 Via del Tritone 로 우회전한다. 산 실베스트로 광장 Piazza di San Silvestro 을 가로질러 우체국 옆에 자리한 산 실베스트로 성당으로 가자. 성당 입구의 마당은 고전미가 넘치고 매력적이지만 17세기 그림으로 가득한 성당 내부는 다소 음울하다. 종교 유물에 관심이 있다면 세례 요한의 머리가 있는 왼쪽 예배당을 놓치지 말자. 비록 볼품없이 시커멓고 쭈글쭈글해졌지만, 이곳을 찾는 수많은 방문객을 보면 신자들에게 여전히 큰 사랑을 받고 있음을 알 수 있다. 그 맞은편에 있는 숨진 예수를 안고 비통에 빠진 성모상도 방문객에게 인기가 많다. 예배당에서 나와 벨시아나 거리 Via Belsiana 로 간다.

산 로렌초 인 루치나 성당 내부(왼쪽)와 베르니니가 제작한 가브리엘레 폰세카 박사의 흉상(오른쪽).

⓬ 두 블록 지나 프라티나 거리Via Frattina에서 좌회전한 다음 코르소 거리를 다시 건넌다. 오른편의 웅장한 건물은 팔라초 루스폴리Palazzo Ruspoli이며, 그 앞은 고맙게도 자동차가 다니지 않는 산 로렌초 인 루치나 광장Piazza San Lorenzo in Lucina이다. 좌측의 산 로렌초 인 루치나 성당은 13세기에 완성된 만큼 매우 낡고 고풍스럽다. 하지만 실내는 19세기에 대대적인 재건축을 거치면서 안타깝게도 밋밋해지고 말았다. 그럼에도 불구하고 방문객들이 이 성당을 찾는 이유는 훌륭한 예술 작품이 꽤 많기 때문이다. 특히 베르니니가 제작한 〈가브리엘레 폰세카 박사의 흉상〉좌측 네 번째 예배당에 있다.과 중앙 제단 위를 장식하고 있는 이탈리아 바로크 거장 귀도 레니의 〈고통에 찬 십자가형〉이 유명하다. 광장에는 다양한 분위기의 바와 카페, 레스토랑이 즐비하다. 그중에서도 15번지의 테이크너Teichner와 29번지의 치암피니Ciampini를 추천할 만하다. 다른 곳보다 좀 비싸지만 그만큼 고풍스러운 분위기에서 최고의 아이스크림을 맛볼 수 있다.

10 _ Around Campo de'Fiori

캄포 데 피오리 광장 근처:
있는 그대로의 로마

꽤 짤막한 이번 코스는 중세 로마의 무역과 상업 중심지를 한 바퀴 돈다. 못 거리, 빗 거리, 조끼 거리, 이발사 거리 등 그 이름만 봐도 무엇을 사고팔던 곳인지 알 수 있다. 또한, 이 지역은 중세 상인들과 중산층의 주거지였으며, 거대한 저택과 함께 서민의 아담한 주거지도 즐비했다. 여행자나 무역상들을 위한 숙박업도 자연히 함께 발달했다. 수많은 순례자를 이끌고 산 조반니 인 라테라노 성당에서 바티칸 대성당으로 가는 장렬한 교황 행렬도 이곳에서 출발했다. 우리는 로마에서 가장 아름다운 르네상스 저택을 몇 채 지나 고대 로마의 흔적을 한두 곳 둘러보고, 성당 몇 군데를 거쳐 오페라와 관련된 건물 두 곳을 답사할 것이다. 물론 로마의 자랑거리인 멋진 광장과 분수도 빠트릴 수 없다. 캄포 데 피오리 광장은 떠들썩한 재래시장으로 아침을 열지만, 오후가 되면 깨끗이 정리되고 광장 주변의 세련된 바와 레스토랑이 본연의 모습을 드러낸다. 그도 그럴 것이 캄포 데 피오리 광장은 로마의 젊은이들이 즐겨 찾는 만남의 장소 중 하나다. 언제나 볼거리, 놀거리, 먹을거리로 충만한 활기찬 곳이지만 원한다면 조용하고 한적한 장소도 찾을 수 있다.

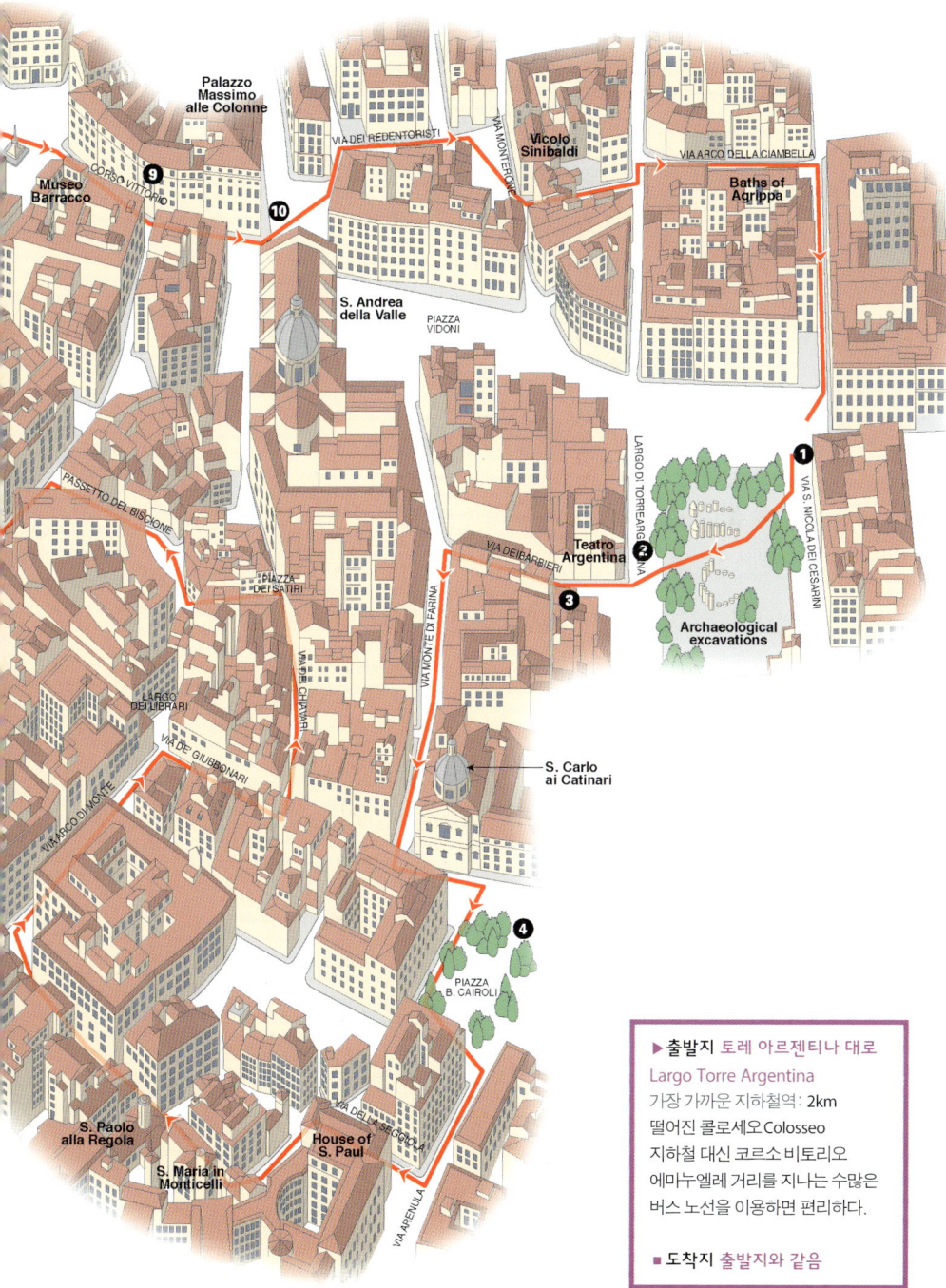

아르젠티나 발굴지.

❶ 이번 코스는 산 니콜라 데이 체사리니 거리Via San Nicola dei Cesarini에서 출발해 나란히 쭉 뻗은 토레 아르젠티나 대로Largo Torre Argentina를 건넌다. 참고로 '아르젠티나'라는 이름은 프랑스 동북부 스트라스부르Strasbourg의 고대 라틴 이름인 아르젠토라툼Argentoratum에서 유래한 것으로, 남아메리카에 있는 아르헨티나와는 아무 관계없다. 아르젠티나 대로를 건널 때, 두 길 사이에 놓인 광장 한가운데 발굴지를 잠시 둘러보자. 현재 발굴된 고대 로마 유적지 중 가장 오래된 것으로 일부는 기원전 3세기까지 거슬러 올라간다. 고고학적으로 매우 중요한 유적지임은 두말하면 잔소리다. 하지만 관광객 입장에서는 별로 볼 만한 게 없다. 고고학 전문가가 아닌 이상 특별한 흥밋거리나 아름다움을 느끼지 못할 수도 있다. 어차피 일반인의 접근을 제한하고 있어 발굴 현장을 위에서 내려다볼 수 있을 뿐이다.

❷ 광장 맞은편의 희끄무레한 건물은 아르젠티나 극장Teatro Argentina이다. 뮤즈 동상이 꼭대기를 장식하고 있는 이 극장은 1732년에 문을

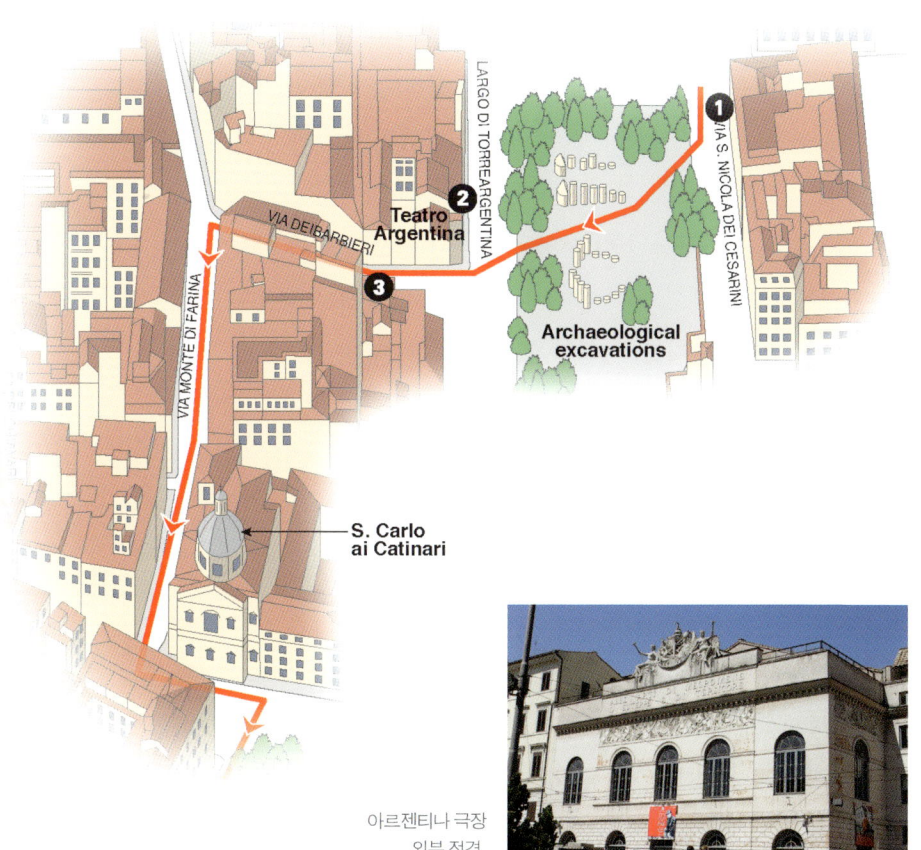

아르젠티나 극장
외부 전경.

열었다. 극장이 유명세를 탄 것은 한참 뒤늦은 1816년 2월 20일, 로시니Rossini의 〈세비야의 이발사Le Barbier de Seville〉가 이곳에서 세계 최초로 공연되었을 때다. 이 극장에서 1732년에 실제로 초연된 작품은 완전히 실패작이었다. 전하는 바에 따르면 이탈리아에서 불운을 뜻하는 검은 고양이가 공연 중 무대를 가로지른 것이 그 전조였다고 한다. 다행히도 다음 날 저녁 공연은 한층 좋아졌고, 그 이후 오페라 극장으로 점진적인 성공을 거둘 수 있었다.

❸ '이발사'를 뜻하는 바르비에리 거리Via dei Barbieri를 따라 극장 왼쪽으로 들어간다. 거리 왼쪽 7번지의 낡아빠진 저택 건물에 쏙 들어앉은 스파치오 7Spazio 7은 로마 현대 디자인의 신전이라 할 만한 곳이다. 몬테 디 파리나 거리Via Monte di Farina에서 좌회전해 끝까지 가면 거대한 산 카를로 아이 카티나리 성당San Carlo ai Catinari의 측면이 나온다. 17세기 전반에 건설된 이 성당은 밀라노 최고의 귀족 가문 출신인 성 카를로 보로메오San Carlo Borromeo, 1538~1584에게 바쳐졌다. 성당 안은 다소 우중충하지만, 마티아 프레티Mattia Preti, 1613~1699나 조반니 란프란코Giovanni Lanfranco, 1582~1647 같은 이탈리아 최고의 예술가들이 성 카를로 보로메오의 일생을 묘사한 다양한 프레스코 벽화와 그림들이 꽤 근사하다. 그중에서도 중앙 제단 위에 걸려 있는 코르토나Pietro da Cartona, 1596~1669의 〈흑사병이 돌 때 십자가 못을 들고 가는 성 카를로〉라는 작품이 유명하다. 또한, 오른쪽 마지막에 있는 성녀 체칠리아의 예배당도 놓치지 말자. 안토니오 제라르디Antonio Gherardi, 1638~1702가 1692년~1700년에 설계했는데, 천상의 발코니에서 천사들이 아래를 굽어보는 장면이 굉장히 드라마틱하다.

산 카를로 아이 카티나리 성당의 천장 프레스코화(위)와 성당 외관(아래).

❹ 성당 앞에는 다소 볼품없는 소공원이 있다. 소공원 옆길로 좌회전해 트램전차이 다니는 아레눌라 거리Via Arenula로 간다. 여기서 우회전한 뒤 세졸라 거리Via della Seggiola가 나오면 다시 우회전한다. 이 거리 12번지의 알베르토 피카Alberto Pica는 평범해 보이지만 이 주변에서 가장 맛있는 아이스크림을 판다. 길 끝에서 자그마한 산타 마리아 인 몬티첼리 성당Santa Maria in Monticelli을 끼고 좌회전한다. 곧 대대적으로 재건축된 중세 가옥을 지나는데, 얼마나 심하게 개축했는지 마치 디즈니랜드 세트장 같다. 성 바오로가 로마에서 처음 살았던 곳에 지은 집이라고 해서 '성 바오로의 집'으로 알려졌다. 여기서 우회전하면 산 파올로 알라 레골라 성당San Paolo alla Regola과 성 삼위일체 성당Santissima Trinità dei Pellegrini이 이어진다. 다시 우회전해 아르코 디 몬테 거리Via Arco di Monte를 끝까지 내려간다. 이 거리는 작은 보석상으로 가득한데, 그 이유는 오른쪽의 거대하고 우중충한 블록이 한때 잘나가던 바티칸 보물 중개 지역이었기 때문이다. 주변 보석상은 그 파생 사업 덕분에 오늘날까지 용케 살아남았다. 참고로 바티칸 보물 중개업도 여전히 계속되고 있다. 다만 이탈리아 은행이 주도권을 갖고 있다는 점만 다르다.

'조끼 재단사' 주보나리 거리Via dei Giubbonari의 끄트머리 건너편에 '책장사' 리브라리 대로Largo dei Librari라는 작은 광장이 있다. 이곳 88번지 필레티 디 바칼라Filetti di Baccalà는 굉장히 유명하고 인기 있는 맛집으로, 런던의 '피시 앤 칩'과 비슷한 대구 튀김이 최고다. 그 뒤에 있는 소방관의 수호성인 산타 바르바라 성당Santa Barbara도 예쁘장하다. 주보나리 거리로 내려가다가 '열쇠 장수' 키아바리 거리Via dei Chiavari에서 좌회전해 사티리 광장Piazza dei Satiri으로 간다. 광장 왼쪽으로 난 길은 흔치 않은 곡선 길이다. 이곳이 고대 로마에서 가장 컸던 폼페이 극장건설 기간 B.C. 61~55 터였기 때문이다. 율리우스 카이사르가 기원전

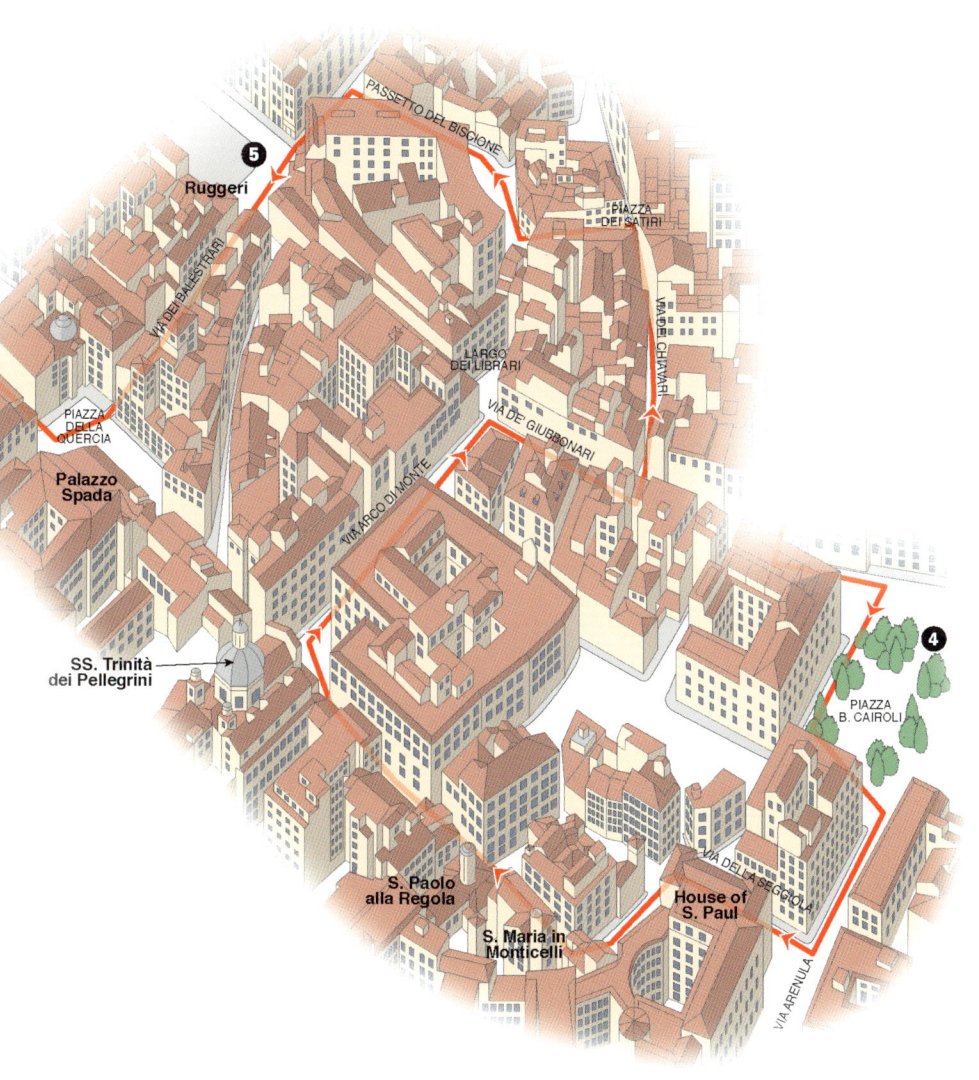

44년 3월 15일 암살당한 곳도 이 극장에 연결된 원로원 회의실이었다. 길가의 작은 예배당 옆에 어둡고 퀴퀴한 냄새가 나는 통로 파세토 델 비스치오네Passetto del Biscione가 있다. 이곳을 통과해 좌회전하면 빛나는 '꽃의 들판' 캄포 데 피오리 광장Campo de' Fiori이 바로 나온다. 아침에 이곳에 온다면 활기찬 재래시장이 성황일 것이다. 시장은 한때

캄포 데 피오리 광장의 다채로운 노점상들.

끝에서 끝까지 과일과 채소 장수로만 가득했었다. 오늘날에도 몇 군데 남아 있지만 저렴한 티셔츠나 잡동사니를 파는 노점상이 더 많아졌다. 하지만, 예전의 풍성한 색감과 활기만은 그대로다. 그나마도 오후 2시쯤 되면 말끔히 정리되고, 청소를 마친 광장은 언제 그랬냐는 듯 깨끗한 응접실이 된다. 해가 기울수록 현지인이나 관광객 할 것 없이 엄청난 인파가 로마에서 가장 잘나가는 사교 장소 중 하나인 캄포 데 피오리를 가득 채우기 시작한다. 광장 주변의 셀 수 없는 술집과 식당도 밤이 깊어 갈수록 활기를 띤다.

❺ 캄포 데 피오리 1/2번지는 구식 식료품점 루제리Ruggeri다. 이곳에서는 익히지 않은 이탈리아식 햄, 프로슈토 크루도돼지 넓적 다리 부위를 소금에 절인 음식와 말린 버섯 등이 매우 잘 팔린다. 이 옆의 '석궁 제조자' 발레스트라리 거리Via dei Balestrari를 따라 케르차 광장Piazza della Quercia 으로 간다. 광장 건너편의 웅장한 크림색 건물은 1548~1550년에 건설된 팔라초 스파다Palazzo Spada이다. 파사드에 박혀 있는 육중한 조각상

팔라초 스파다의 파사드.

들은 아우구스투스 황제, 율리우스 카이사르, 누마 폼필리우스Numa Pompilius, B.C. 715~673, 로마 제국의 2대 왕, 로물루스 등 고대 로마 역사에 등장하는 주요 인물들이다. 근사한 문들을 통과해 마당으로 들어가면 벽면에 더 많은 조각상이 늘어서 있다. 이번엔 신화 속 인물들이다. 건물 안에는 작지만 매혹적인 미술관이 하나 있다. 그렇게 유명하거나 특출한 작품들은 아니지만 17세기 전시실에 진열된 그림들의 솜씨만은 꽤 훌륭하다. 하지만 이곳에서 꼭 보아야 할 가장 대단한 작품은 마당 왼쪽의 거대한 창을 통해서만 들여다볼 수 있다. 바로 '보로미니 전망'이라 불리는 감쪽같은 '트릭 아트' 작품이다. 보로미니는 1630년대 재건축 때 고용되었는데, 그때 이 깜찍한 착시 건축물을 더해 넣었다. 돌기둥이 일렬로 늘어선 보로미니의 통로는 실제로는 9미터인데 오르막 바닥과 내리막 천장 때문에 훨씬 더 길어 보인다. 착시 현상을 더욱 실감 나게 하려고 돌기둥도 갈수록 짧아지고 촘촘하게 세워 놓았다.

파르네세 저택.

❻ 팔라초 스파다를 나와 좌회전해 눈앞에 펼쳐진 거대한 건물을 향해 가자. 바로 팔라초 파르네세Palazzo Farnese이다. 저택 앞 광장에 들어서기 전 잠시 모퉁이에 멈춰 서자. 파르네세의 파사드와 측면을 동시에 조망할 수 있는 곳으로, 저택의 어마어마한 규모와 아름다움을 한눈에 감상할 수 있다. 양적으로나 질적으로 비용을 아끼지 않았음을 대번에 알 수 있다. 실제로 이 저택을 짓는 데 1517년부터 무려 70년이 걸렸다고 한다. 당시 로마에서 활동하던 건축가들 중에서도 최고의 건축가들만 뽑아서 일을 맡겼다. 가령, 저택의 처마 장식과 위층 대부분을 설계한 사람은 미켈란젤로다. 미켈란젤로에게 시스티나 예배당의 '최후의 심판'을 주문한 것도 파르네세 가문 출신의 교황 바오로 3세였다. 그만큼 파르네세 가문은 엄청난 부자였다. 이 저택을 짓는 동안 카프라롤라에 있는 별장도 거의 같은 규모로 단장했다고 하니 두말하면 잔소리다. 파르네세 광장Piazza Farnese 역시 아름답기는 매한가지다. 광장 양쪽 끝에 있는 두 개의 분수는 원래 그 자리에 있던 두 개의 거대한 화강암 수조에 만든 것이다.

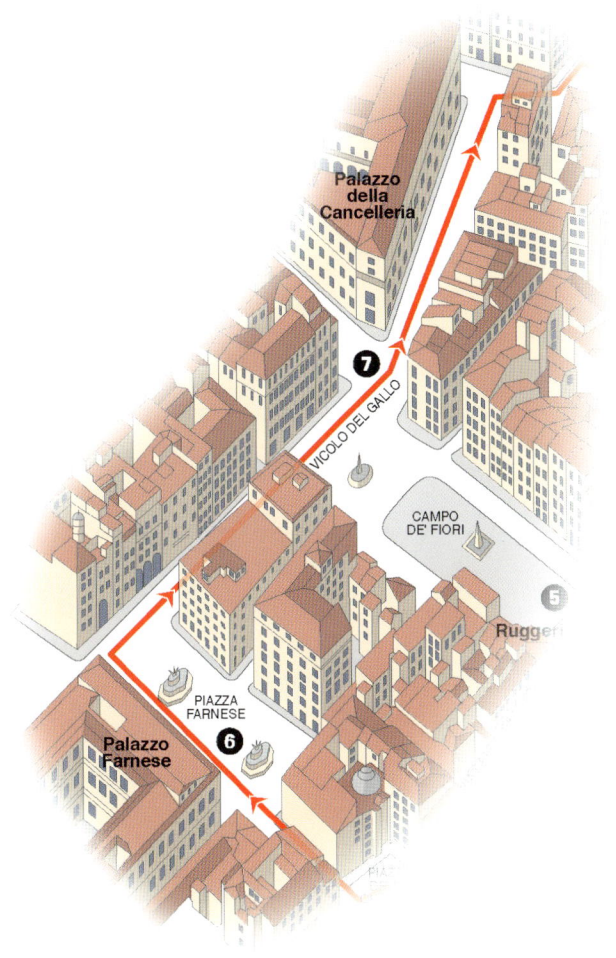

❼ 모퉁이의 정통 이탈리아 레스토랑 다 조반니 아르 갈레토Da Giovanni ar Galletto를 지나 갈로 골목길Vicolo del Gallo로 내려간다. 캄포 데 피오리 광장을 지나 계속 나아가면 곧 또 다른 웅장한 저택과 만난다. 1485~1513년에 건설한 팔라초 칸첼레리아Palazzo della Cancelleria이다. 원래는 개인 주택으로 설계했지만, 수 세기 동안 바티칸 사무실로 사용했다. 장엄한 마당으로 들어서면 폼페이 극장에서 가져온 열주가 늘어서 있다. 한쪽 구석의 칙칙한 건물은 산 로렌초 인 다마소 성당San Lorenzo in Damaso이다. 입구 오른쪽의 추모비가 인상적이다.

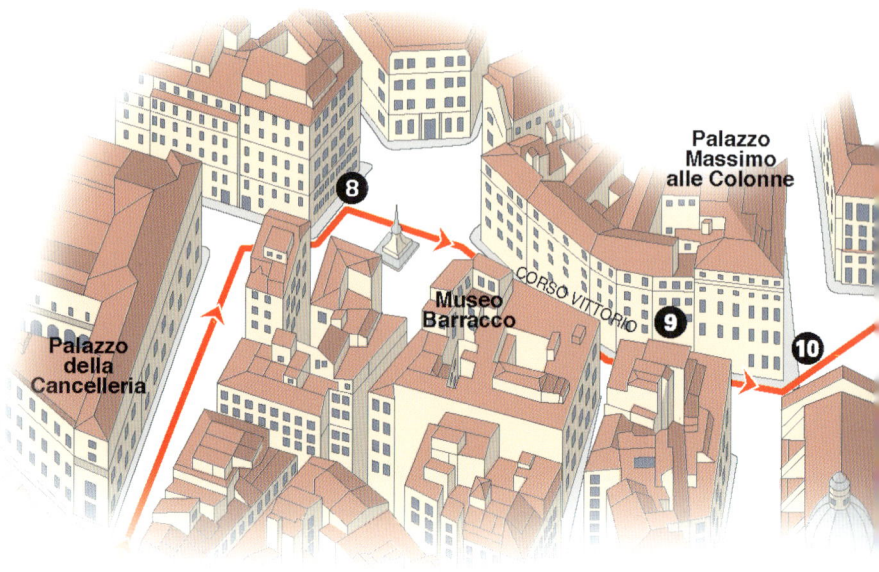

❽ **코르소 비토리오** Corso Vittorio를 따라 내려가면 **바라코 박물관** Museo Barracco이 있는 자그마한 저택이 나온다. 이 훌륭한 고고학 박물관의 소장품들은 원래는 모두 개인 소유였다고 한다. 작은 박물관이지만 이집트와 바빌론, 아시리아, 팔미라, 그리스, 로마 제국 등에서 수집한 진귀한 고고학 유물로 가득하다.

바라코 박물관 마당에 있는 아폴로 동상.

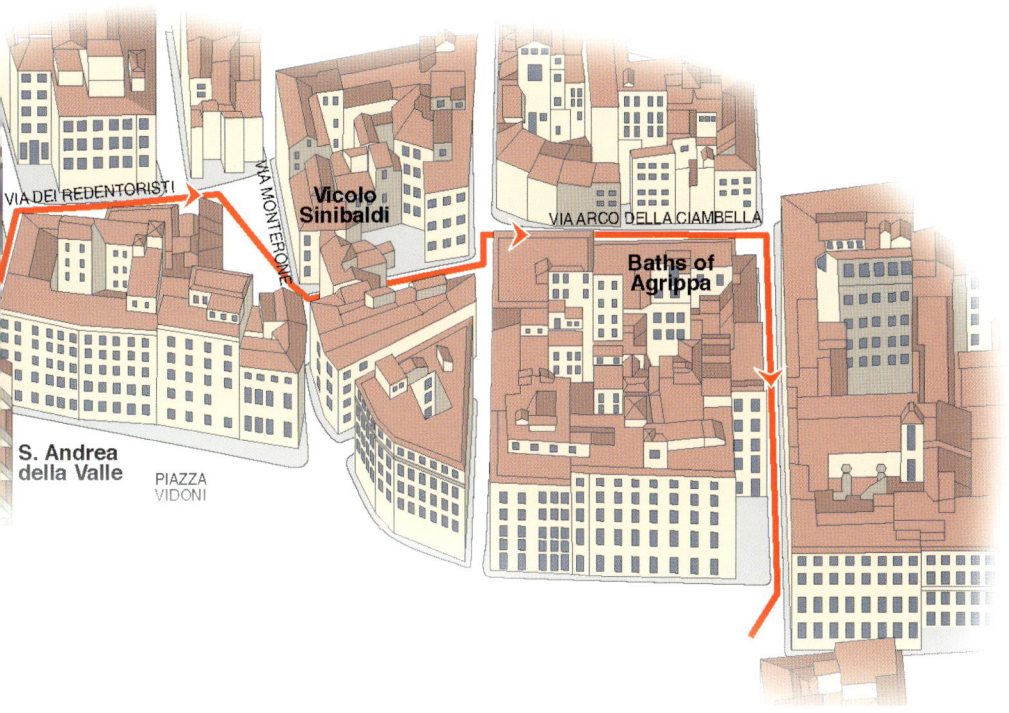

❾ 거리 맞은편의 아름다운 곡선 파사드는 팔라초 마시모 알레 콜로네Palazzo Massimo alle Colonne이다. 여기서 약간 더 나아가면 같은 편에 1591~1650년에 건설된 거대한 산탄드레아 델라 발레 성당Sant' Andrea della Valle이 있다. 푸치니Giacomo Puccini, 1858~1924의 오페라 〈토스카Tosca〉 첫 장의 배경이 된 곳이다. 실내 장식은 매우 화려하고 고풍스럽다. 돔은 로마에서 산 피에트로 대성당 다음으로 높다고 한다. 하지만 성당 안은 볼품없는 노란 조명 아래 전반적으로 차가운 인상을 풍긴다. 중앙 제단 뒤 후진에 남아 있는 마티아 프레티의 프레스코화는 성 안드레아의 순교를 묘사하고 있다. 돔의 절반을 차지하고 있는 도메니키노Domenichino, 1581~1641의 프레스코화도 매우 아름답다. 또

한 입구에서 오른쪽에 있는 두 예배당은 다채로운 대리석으로 매우 화려하게 장식됐다. 두 번째 예배당의 황금 줄무늬가 있는 검은 대리석 기념비가 특히 인상적이다.

❿ 신호등이 있는 건널목을 건너 광장 대각선 편에서 우회전해 레덴토리스티 거리 Via dei Redentoristi를 따라 내려간다. 몬테로네 거리 Via Monterone를 건너 시니발디 골목길 Vicolo Sinibaldi의 을씨년스러운 아치를 통과한다. 계속해서 아르코 델라 치암벨라 거리 Via Arco della Ciambella를 따라 내려가면 로마 최초의 목욕탕인 아그리파 욕장 Thermae Agrippa 유적지를 지난다. 어떻게 고대 건축 유적지에 새로운 건물들이 더불어 조화를 이루는지 볼 수 있는 기가 막힌 예다. 이 길 끝에서 우회전하면 이번 코스를 출발했던 산 니콜라 데이 체사리니 거리와 발굴 현장이 다시 나온다.

산탄드레아 델라 발레 성당의 내부(위)와 외부 파사드(아래).

11 _ Ponte Sisto to Ponte Sant'Angelo

시스토 다리에서
산탄젤로 다리까지:
귀족과 순례자

이번 코스는 로마에서 가장 다양한 경험을 할 수 있는 구간이다. 미로 같은 뒷골목, 화려한 최고급 주택가와 상가, 다문화의 도가니인 광장들, 박수갈채가 저절로 쏟아지는 바티칸 시국의 아름다운 전경 등 그 모든 것을 이번 코스에서 경험할 수 있다. 밝은색으로 빛나는 활기찬 캄포 데 피오리 광장에서 망토를 두른 조르다노 브루노의 동상 아래 모여드는 사람들을 보면 광장의 어두운 과거 따위는 안중에도 없는 것 같다. 이곳에서 말로 표현할 수 없는 무언가 다른 기운이 느껴진다면 그것은 바로 성당이 없기 때문일 것이다. 캄포 데 피오리는 로마에서 성당이 없는 유일한 광장이다. 경쾌한 나보나 광장에서는 베르니니의 환상적인 '네 강의 분수'가 관광객과 현지인, 거리의 악사, 점쟁이 등의 생동감 넘치는 조화를 이끌고 있다. 북적거림과 인파가 슬슬 힘들어질 때쯤이면 한적한 뒷골목을 헤치고, 줄리아 거리 주변의 최고급 지역을 탐험하게 될 것이다. 이번 코스는 삼엄한 분위기의 거대한 산탄젤로 성에서 몇 발짝 떨어진 곳에서 바티칸 시국의 눈부신 전경을 감상하며 마무리한다.

시스토 다리는 교황의 명령으로 건설한 최초의 교량이다.

❶ 시스토 다리Ponte Sisto는 마르쿠스 아우렐리우스 황제가 지은 고대 아우렐리우스 다리Pons Aurelius를 교황 식스투스 4세Pope Sixtus IV가 1474년에 재건한 최초의 교황령 교량이다. 시스토 다리 서쪽에는 자니콜로 언덕이 우뚝 솟아 있으며, 북쪽 지평선은 바티칸 시국의 산 피에트로 대성당이 장악하고 있다. 높은 돌벽 사이로 테베레 강이 넓은 산책로와 나란히 흐르는 풍경은 매우 우아하고 고풍스럽다. 콜로세움이 있는 강 동쪽으로 다리를 건너 다리 끝의 혼잡한 거리를 지나 페티나리 거리Via dei Pettinari로 내려간다. 왼쪽의 예쁘장한 건물은 12세기에 건설된 산 살바토레 인 온다 성당San Salvatore in Onda이다. 중앙 제단 아래 석관에는 성 빈센트 팔로티Saint Vincent Pallotti, 1795~1850의 유해가 있다. 중앙 회중석의 아케이드가 매우 매력적인데, 아케이드 아래 모자이크처럼 그려진 꽃 그림이 매우 사랑스럽다. 아름다운 천장과 독특한 스테인드글라스 창도 볼 만하다.

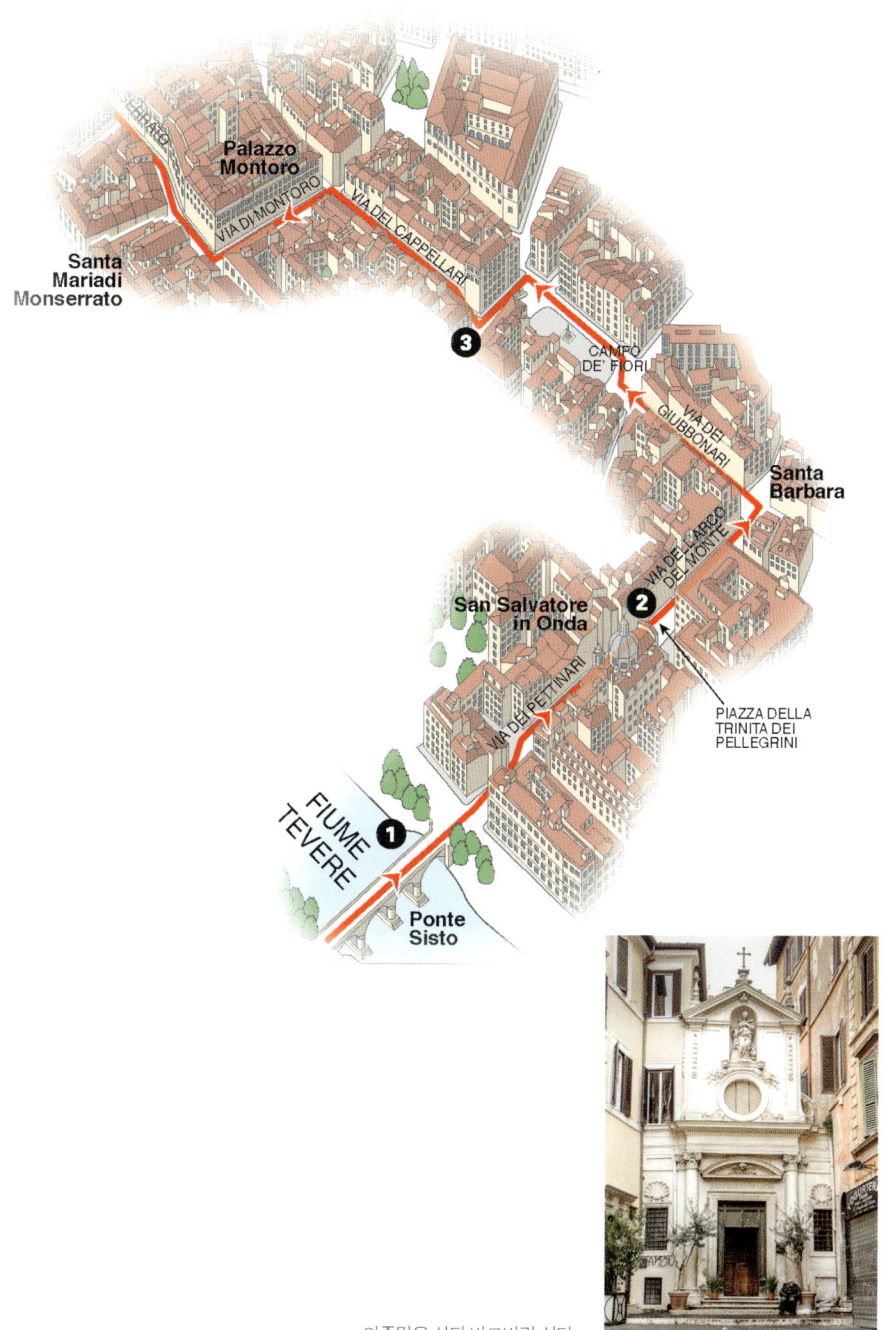

앙증맞은 산타 바르바라 성당.

❷ 페티나리 거리를 따라 계속 올라가면 곧이어 성 삼위일체 성당Santissima Trinità dei Pellegrini이 나온다. 여기서 아르코 델 몬테 거리Via dell'Arco del Monte를 따라 앙증맞은 산타 바르바라 성당Santa Barbara까지 간다. 여기서 '재킷 만드는 사람들의 거리'를 뜻하는 주보나리 거리Via dei Giubbonari로 좌회전해 조금만 더 가면 캄포 데 피오리 광장Campo de' Fiori에 이른다. 한때 공개 처형장이었던 이곳은 오늘날 로마에서 가장 활기찬 재래시장으로 탈바꿈했다. 매력적인 상점과 레스토랑도 즐비하다. 저렴한 기념품도 가득해서, 어디를 가나 'I ♥ Roma' 후드티 따위를 지겹도록 볼 수 있다. 하지만 이 역시 캄포 데 피오리의 생동감 넘치는 다채로움의 일부다. 그런 가운데 모자 망토를 두른 철학자 조르다노 브루노Giordano Bruno, 1548~1600의 르네상스 동상이 광장의 어두운 과거를 상기하며 군중을 굽어보고 있다. 브루노는 1600년에 종교 재판을 받고 이곳에서 산 채로 화형 당한 비극의 인물이다.

❸ 광장 맞은편 거리로 들어가면 중세 골목 카펠라리 거리Via del Cappellari가 나온다. 이 길을 계속 가다가 몬토로 거리Via di Montoro가 나오면 길을 건너 좌회전한다. 이곳에서 보는 팔라초 몬토로Palazzo Montoro의 창문을 가로지르는 상인방上引枋이 단순하고 깔끔하면서도 독특하고 멋지다. 일부 상인방 위에는 깜찍한 가짜 창문이 그려져 있기도 하다. 몬세라토 거리Via di Monserrato가 나오면 우회전한다. 이곳의 산타 마리아 인 몬세라토 성당Santa Maria in Monserrato degli Spagnoli은 스페인 국립 성당이다. 스페인 내전이 일어나기 전에 마지막 국왕이었던 알폰소 13세Alfonso XIII, 재위 1886~1931의 시신이 안장되어 있다. 몬세라토 거리의 고풍스러운 주거 건물들은 그라피티 낙서에도 불구하고 세련된 분위기를 풍긴다. 중간중간 고급스러운 갤러리도 볼 수 있는데, 호기심 어린 관광객들에게는 콧방귀도 뀌지 않는 최고급 미술 시장이다.

캄포 데 피오리 광장의 조르다노 브루노 동상(위)과 산타 마리아 인 몬세라토 성당(아래).

❹ 몬세라토 거리는 광장을 하나 지나 반키 베키 거리Via dei Banchi Vecchi로 이어진다. 성당을 지나자마자 좌회전한 다음 줄리아 거리Via Giulia에서 우회전한다. 1킬로미터 길이의 줄리아 거리는 교황 율리우스 2세의 명으로 1600년 초에 건설되었다. 이는 로마 제국이 멸망한 이래 최초로 계획한 대로다. 산 피에트로 대성당으로

줄리아 거리에 있는 가면 분수.

향하는 적합한 진입로를 건설하고자 했던 교황의 야심찬 포부였다. 그 기대에 부응하여 귀족들의 화려한 저택들이 줄리아 거리 양쪽에 줄지어 들어섰다. 르네상스 시절 로마에서 가장 특권적인 주소지였음은 말할 것도 없다. 호화로운 골동품 상점이나 아트 갤러리와 함께 오늘날에도 이곳은 로마의 손꼽히는 고급 주택가 중 하나다. 이 거리의 모든 상점은 이름이 새겨진 붉은 깃발을 내걸고 있는데, 덕분에 거리 전체가 더욱 특권적인 분위기를 풍기고 있다. 시스티나 예배당의 그림을 주문할 만큼 대단한 예술 후원자였던 교황 율리우스 2세의 이름을 기리는 데 이보다 더 적합한 공간은 없을 것이다.

❺ 줄리아 거리 왼편에 산 비아조 델라 파뇨타 성당San Biagio della Pagnotta이 있다. 야생동물과 목병 환자의 수호성인인 성 비아조San Biagio에게 바쳐진 성당이다. 매년 2월 3일 성 비아조 축일이면 아르메니의 산 블레이즈 수도회 수도사들이 신도들에게 파뇨타Pagnotta, 빵를 나누어 준다. 줄리아 거리를 따라 계속 걸어가면 16세기 팔라초 사케티Palazzo Sacchetti의 거대한 문을 지난 후, 곧 오로 광장Piazza dell'Oro에 다다른다. 광장 왼편에 있는 크림 케이크 모양 건물은 산 조

산 조반니 바티스타 데이 피오렌티니 성당 입구.

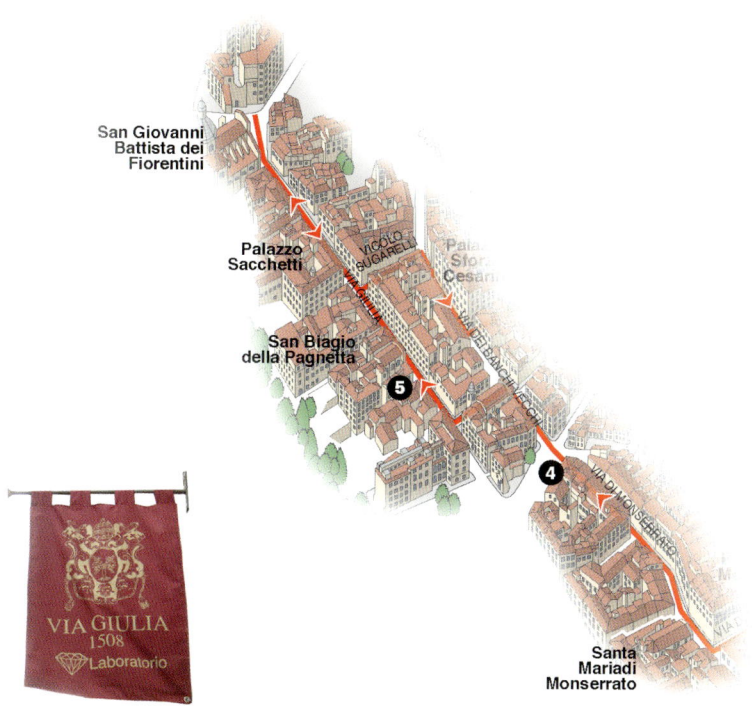

줄리아 거리 어느 부티크 밖에 걸려 있는 깃발.

반니 바티스타 데이 피오렌티니 성당San Giovanni Battista dei Fiorentini이다. 피렌체 메디치 가문 출신의 교황 레오 10세Leo X가 피렌체 건축가들의 재능을 뽐내고자 16세기에 주문했다. 하지만 건물이 실제로 완성된 것은 거의 두 세기나 지난 1730년대였다. 다른 성당과 달리 이곳은 동물을 데리고 미사에 참석할 수 있으며, 매년 부활절에 실제로 어린 양을 동원한 '어린 양들의 축복 행사'를 개최한다. 한편, 당대 최고의 건축가 보로미니는 이 성당의 팔코니에리Falconieri 예배당을 설계했다. 성당 건축을 대부분 감독했던 바로크 건축가 카를로 마데르노Carlo Maderno의 가족묘도 이곳에 있다. 마데르노는 보로미니의 먼 친척이기도 한데, 자살로 생을 마감한 보로미니도 마데르노의 가족묘에 함께 묻혔다.

❻ 줄리아 거리를 다시 내려가 수가렐리 골목
길Vicolo Sugarelli에서 좌회전한다. 길 끝에서 우
회전하면 다시 반키 베키 거리Via dei Banchi
Vecchi가 나오고 팔라초 스포르차 체
사리니Palazzo Sforza Cesarini의 뒷면과 마
주하게 된다. 원래는 후에 교황 알렉
산데르 6세Alexander VI, 재위 1492~1503가
된 로드리고 보르자Rodrigo Borgia, 1431~1503의
소유였다. 그러나 비밀 교황 선거에서 추기경 아
스카뇨 스포르차Ascanio Sforza, 1455~1505의 표와 지지
를 얻기 위해 보르자가 스포르차 가문에 넘겼다고 전
해진다.

건물 끝 스포르차 체사리니 골목길Vicolo Sforza Cesarini에서 좌회전
해 내려가면 스포르차 체사리니 광장이 나온다. 이곳 27번지에 교
황 알렉산데르 6세의 서자이자 근친상간으로 소문이 자자했던 세
자르 보르자Cesare Borgia, 1475~1507와 루크레치아 보르자Lucrezia Borgia,
1480~1519의 어머니 반노차 데이 카타네이Vannozza dei Cattanei가 살았었
다. 두 남매도 여기서 태어났는지 모른다. 광장에서 코르소 비토리오
쪽으로 우회전해 키에사 누오바 광장Piazza della Chiesa Nuova까지 간다.
이 널찍한 광장에는 로마에서 흔치 않은 벤치들이 여기저기 눈에 띈
다. 피곤한 다리를 쉬어갈 수 있는 절호의 기회다. 성당 왼쪽의 건물
은 로마에서 가장 오래된 공공 도서관 오라토리오 데이 필리피니Ora-
torio dei Fillipini다. 이곳에서 오라토리오, 즉 성가극이라는 음악 장르
가 개발되었다고 한다. 그 옆의 '새 교회당' 키에사 누오바 성당Chiesa
Nuova에는 중앙 제단을 중심으로 루벤스의 아름다운 그림 석 점이 걸
려 있다.

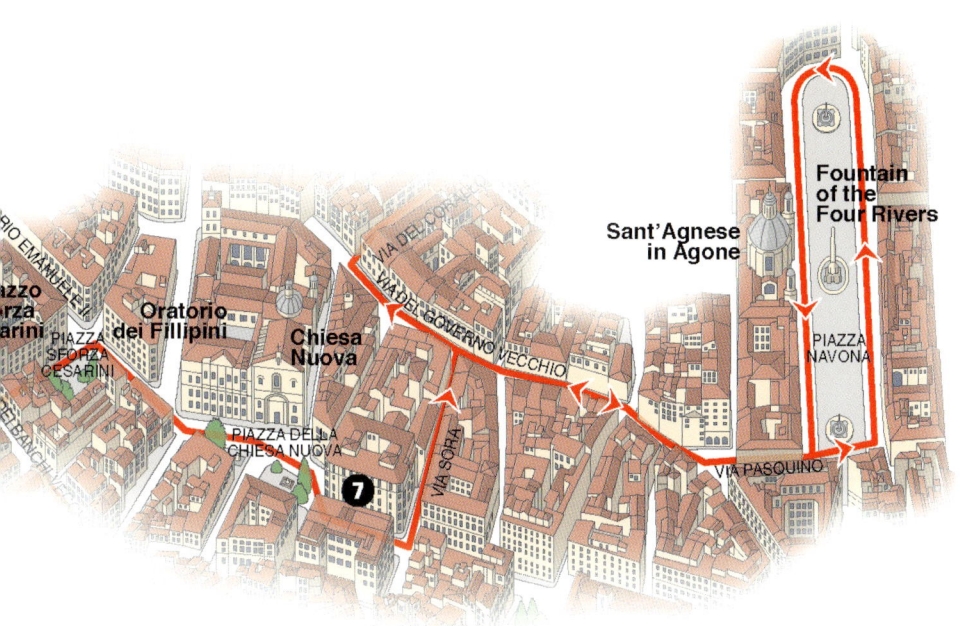

❼ 성당을 지나 아기자기한 소라 거리Via Sora에서 좌회전해 고베르노 베키오 거리Via del Governo Vecchio로 간다. 여기서 우회전해 곧장 가면 파스퀴노 광장Piazza Pasquino이 나오고, 파스퀴노 거리Via Pasquino를 따라가면 그 유명한 나보나 광장Piazza Navona이 나타난다. 나보나 광장은 로마에서 손꼽히는 아름다운 바로크 건축 유산 중 하나다. 96년에 세워진 도미티아누스 원형 경기장의 독특한 타원형 평면을 유지하고 있다. 한때 스포츠 경기를 보기 위해 이곳에 모여들었던 군중은 이제 광장 주변에 늘어선 세련된 카페에서 커피를 마시거나 아이스크림을 먹기 위해 몰려든다. 이곳의 멋진 분위기를 만끽하며 식사를 하고 싶다면 레스토랑마다 가격이 천차만별이므로 일단 여기저기 돌아보며 값을 비교해 보는 게 좋다.

나보나 광장의 현재 모습은 교황 인노켄티우스 10세가 완성했다. 자신의 교황직과 팜필리 가문의 영광을 드높이기 위해 당대 최고의 건축가들을 고용해 팔라초 팜필리 앞에 그 이름에 걸맞은 기념비적인 광장을 건설하도록 한 것이다. 그중에서도 베르니니의 네 강의 분수Fontana dei Quattro Fiumi가 압권이다. 분수의 거대한 조각상들은 당시 세상에서 가장 긴 강으로 여겨졌던 나일 강, 라플라타 강, 다뉴브 강, 갠지스 강을 상징한다. 중앙의 고대 로마 오벨리스크는 막센티우스 황제의 대원형 경기장Circus Maxentius에서 가져온 것이다네 강의 분수에 대한 자세한 설명은 158쪽 참고. 네 강의 분수 외에도 나보나 광장에는 아름다운 분수가 두 개 더 있다. 넵튠이 문어와 싸우는 모습을 묘사한 넵튠 분수Fontana di Nettuno와 에티오피아인이 돌고래와 싸우는 장면을 형상화한 모로 분수Fontana dei Moro다. 모두 나보나 광장의 보물들이다.

팔라초 팜필리Palazzo Pamphilj 옆의 웅장한 산타그네세 인 아고네 성당Sant'Agnese in Agone에 교황 인노켄티우스 10세가 묻혀 있다. 성당 파사드는 이탈리아 최고의 바로크 건축가 보로미니의 작품이다.

나보나 광장에 있는 모로 분수(위)와 넵튠 분수(아래).

❽ 소라 거리까지 되돌아간 다음, 예스러운 상점들과 편리한 슈퍼마켓이 있는 고베르노 베키오 거리 Via del Governo Vecchio를 계속 따라간다. 코랄로 거리 Via del Corallo에서 우회전하면 금방 피코 광장 Piazza del Fico이 나온다. 집집이 꽃으로 창가를 장식한 예쁜 피코 골목길 Vicolo del Fico에서 좌회전한 다음 몬테 조르다노 거리 Via di Monte Giordano에서 다시 좌회전한다. 오른쪽으로 약간 휘어지는 길을 따라가다 보면 피자 가게를 몇 군데 지난다. 현지 분위기가 물씬 풍기는 이 거리에서 점심 식사를 해도 좋을 것이다. 오른쪽의 호화찬란한 팔라초 타베르나 Palazzo Taverna는 한때 막강한 오르시니 Orsini 가문이 살았던 곳인데, 원래는 로마 최초의 원형 극장이었다고 한다. 이어지는 파니코 거리 Via di Panico는 다채롭고 재미있는 작은 가게들이 줄지어 선 매력적인 곳이다.

❾ 토르 디 노나 강변로 Lungotevere Tor di Nona에 다다르면 산탄젤로 성 Castel Sant'Angelo의 환상적인 풍경을 감상하면서 산탄젤로 다리 Ponte Sant' Angelo를 건넌다. 산탄젤로 다리는 '하드리아누스의 다리'라는 뜻을 지닌 '아엘리우스 다리 Pons Aelius'가 있던 곳에 재건되었는데, 원래 다리를 떠받치던 아치 세 개가 여전히 건재하다. 오른쪽으로 내려다보면 현대적인 둑 아래 고대 로마 선착장의 잔해가 그대로 남아 있다. 로마 제국을 건설하는 데 쓰인 거대한 대리석 덩어리를 실어 나르던 곳이다. 나보나 광장의 '네 강의 분수'를 제작한 바로크 거장 베르니니가 이번에도 아름답고 우아한 천사 조각상들과 함께 우뚝 솟은 산탄젤로 성벽까지 우리를 이끈다. 17세기 영국 철학자 토마스 홉스 Thomas Hobbes, 1588~1679는 교황의 존재를 '무덤 위에 왕관을 쓰고 앉아 있는 로마 제국의 유령'이라고 신랄하게 쏘아붙였다. 중세 교황들의 도를 넘는 행위들을 수없이 지켜본 이곳에서 홉스의 비난은 오싹한 공명

산탄젤로 다리의 동상들.

을 울린다. 산탄젤로 성은 원래 하드리아누스 황제의 영묘였다. 130년부터 211년까지, 셉티미우스 세베루스 Septimius Severus, 재위 193~211를 포함한 로마 제국의 역대 황제들을 이곳에 묻었다. 성의 화려한 대리석 장식은 이미 오래전에 사라졌지만, 적어도 중간 아랫부분은 하드리아누스 황제 시절 모습 거의 그대로다. 성 안에 들어서면 고대 램프가 납골당으로 안내한다. 위층의 호화스러운 교황 숙소도 방문할 수 있다. 꼭대기 첨탑 위의 청동 천사상과 '산탄젤로천사'라는 성 이름은 교황 그레고리우스 1세 Gregory the Great, 재위 590~604의 환영을 재현한 것이다. 그 환영인 즉, 590년에 한 천사가 그 앞에 나타나 전염병의 종식을 알리며 피 묻은 검을 칼집에 꽂았다고 한다. 산탄젤로 성은 한때 감옥으로 악명을 날리기도 했다. 조르다노 브루노 역시 캄포 데 피오리 광장에서 화형 당하기 전에 이곳에 갇혀 있었다. 피렌체 출신의 르네상스 금속 세공사이자 예술가이며 작가였던 벤베누토 첼리니 Benvenuto Cellini, 1500~1571 역시 이 성에 투옥되었으나 탈출하는 데 성공했다. 그 과정에서 다리 하나가 부러지긴 했지만 말이다. 한편, 산탄젤로 성을 배경으로 한 푸치니의 오페라 〈토스카〉는 비련의 여주인공 플로리아 토스카가 성 꼭대기에서 몸을 던지면서 막을 내린다. 계속해서 바티칸 시국을 둘러보고 싶다면 보르고 산탄젤로 Borgo Sant'Angelo에서 좌회전하거나 콘칠리아치오네 거리 Via della Conciliazione를 따라가면 된다.

산탄젤로 성(위)과 산탄젤로 다리(아래).

12 _ Meandering Around Trastevere
정처 없이 거니는 트라스테베레 지구:
로마의 또 다른 모습

고대 로마 제국의 '국제 지구'였던 트라스테베레는 테베레 강을 사이에 두고 '나머지 로마'와 마주 보고 있다. 트라스테베레라는 이름도 '테베레 강 너머'라는 뜻이다. 실제로도 로마 시내와 비교하면 '강 건너 다른 쪽'이라는 느낌이 아주 강하다. 로마 시내가 고전적인 제국 문화를 보존해왔다면 트라스테베레 지구는 전통적인 거리 문화를 지켜왔다. 이곳의 전반적인 분위기가 신명 나면서도 느긋한 것은 바로 이 때문이다. 이곳 주택가도 점진적으로 현대화 및 고급화되었지만 여전히 낡은 낭만과 독특한 중세 분위기가 도처에 가득하다. 대대적인 도시 재개발이 진행되었던 강 건너편과는 사뭇 다르다. 그 덕분에 트라스테베레의 광장 주변은 음식도, 밤거리도, 구불구불한 뒷골목도 강 건너와는 또 다른 매력을 발산한다.

트라스테베레는 역사적으로 일찍부터 다문화가 자리 잡은 곳이다. 공화국 시절은 유대인과 시리아인들의 집단 거주지였다. 다국적 뱃사람과 용병들, 노예들, 휴가 나온 상류층 사람들까지 직업과 지위를 막론한 가지각색의 사람들이 어울려 독특한 문화를 일구어 냈다. 웅장한 저택들이 담쟁이덩굴로 뒤덮인 소박한 집들과 어깨를 나란히

하고 있는가 하면, 알록달록한 빨래가 아무렇지도 않게 골목을 가로지르며 펄럭거린다. 한가롭게 집 앞이나 광장에서 일광욕을 즐기는 트라스테베레 주민들은 스스로 '진정한 로마인'이라는 자부심이 대단하다.

이번 코스에서 이와 같은 '현지 분위기'만 즐겨도 좋지만 그렇다고 그게 전부는 아니다. 트라스테베레 지구 역시 강 건너편과 다름없이 아름다운 성당과 건축물, 기념비로 가득하다. 산타 체칠리아 성당이나 산타 마리아 인 트라스테베레 성당은 건축학적으로 매우 뛰어난 걸작이며, 진귀한 보물과 흥미로운 뒷이야기로 넘쳐난다. 더구나 이번 코스의 대단원은 아름다운 푸른 식물원에서 막을 내린다. 매력적인 트라스테베레의 열기를 식히며 식물원의 초록빛 속에서 길을 잃어보는 것도 좋을 것이다.

▶출발지 강의 남쪽 체스티오 다리 Ponte Cestio
가장 가까운 지하철역: 치르코 마시모 Circo Massimo

■ 도착지 식물원 Orto Botanico di Roma
가장 가까운 지하철역: 2.3km 떨어진 산 피에트로 San Pietro

❶ 체스티오 다리Ponte Cestio에서 티베리나 섬Isola Tiberina을 뒤로하고 안귈라라 강변로Lungotevere Anguillara로 내려간다. 다리를 건너자마자 왼편에 젠솔라 광장Piazza della Gensola이 있다. 광장 좌우로 담장을 두른 예쁘장한 분홍색 주택과 거대한 노란색 건물이 눈에 띈다. 다리에서 안귈라라 강변로로 우회전해 내려가면 전형적인 트라스테베레 광장 중 하나인 피스치눌라 광장Piazza in Piscinula이 있다. 떠들썩한 레스토랑과 중세 저택들, 약간의 낡고 고상한 분위기까지 뒤섞여 있다. 아르코 데 톨로메이 거리Via dell'Arco de'Tolomei를 따라 곧장 내려가면 아니차 거리Via Anicia가 이어진다. 여기서부터 세 번째 모퉁이 마돈나 델로르테 거리Via Madonna dell'Orte가 나오면 좌회전한다. 산업 구역 분위기가 나는 한적한 뒷골목은 여기가 과연 로마인가 할 정도로 색다르다. 이것도 트라스테베레에서만 경험할 수 있는 매력이다. 길 끝에서 산 미켈레 거리Via dei San Michele로 좌회전한다. 여기서 몇 걸음만 더 가면 우중충한 뒷골목이 어느새 예쁜 집들로 둘러싸인 고상한 산타 체칠리아 광장Piazza di Santa Cecilia으로 이어진다. 이 주변에서 다른 관광객을 만나기란 쉽지 않을 것이다.

❷ 산타 체칠리아 인 트라스테베레 성당Santa Cecilia in Trastevere의 대칭적인 마당은 시원스럽고 편안하다. 우아한 둥근 곡선으로 이루어진 하얀 실내도 마찬가지다. 로마 전역에 펼쳐진 바로크 건축물의 과장됨에 속이 울렁거렸다면, 이 성당은 일종의 중화제가 될 것이다. 성당 터는 성 체칠리아가 살았던 집이며, 그 기원은 5세기까지 거슬러 올라간다. 9세기에 재건하면서 성 체칠리아의 유해를 이곳에 이장했다. 그 이후로도 여러 차례 크게 확장되어 지금의 모습을 갖추게 되었다. 성 체칠리아의 순교 과정은 매우 처참했다. 처형자들은 처음에 욕실에서 성 체칠리아의 목을 졸랐으나 실패하자, 결국 도끼로 세 번이나

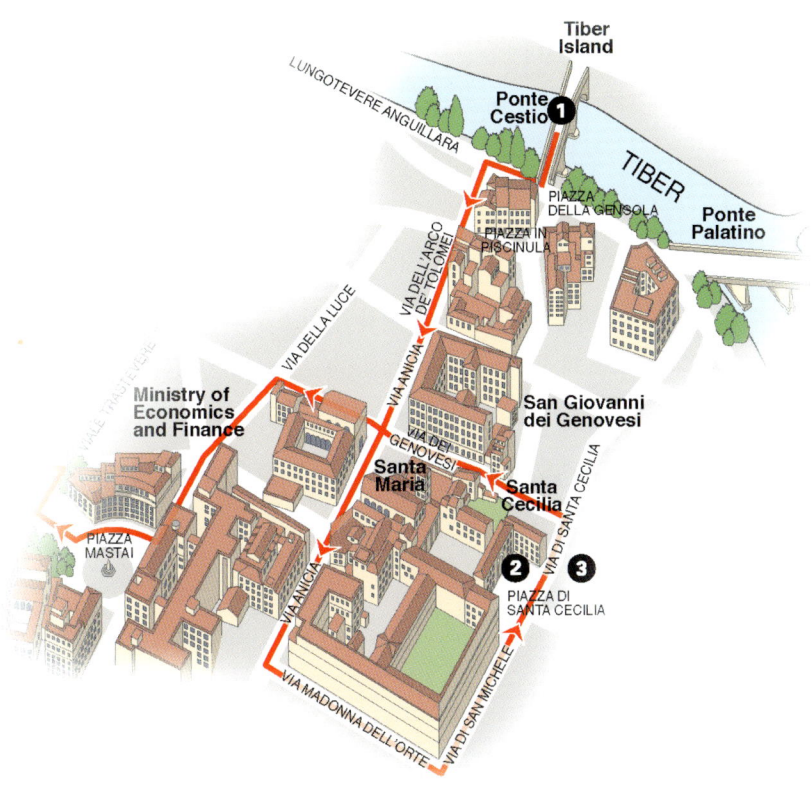

목을 내리쳤다. 성 체칠리아는 그로부터 3일 후에나 숨을 거두었다고 한다. 그녀가 죽었을 때 한 손은 손가락 세 개를 펼치고, 다른 한 손은 손가락 하나만 펼치고 있었다고 한다. 삼위일체에 대한 그녀의 신념을 뜻한다. 또한 숨이 끊기기 전까지 찬송가를 불렀다고 하여 음악가들의 수호성인이 되었다. 1599년 성 체칠리아의 유해가 발견되었을 때 그 자리에 조각가 스테파노 마데르노 Stefano Maderno, 1576~1636가 있었다. 중앙 제단의 감동적인 조각상은 그렇게 탄생했다. 조각상이 취하고 있는 대단히 불편한 자세는 보기 괴로울 만큼 인간적이다. 고전 조각상에서 볼 수 있는 인위적인 포즈가 아니다. 둥근 대리석판에는 성 체칠리아의 시신이 전혀 손상되지 않은 채 발견되었다는 조각가의 맹세가 새겨져 있다. 성당 아래 발굴된 집과 피에트로 카발리니Pietro Cavallini, 1259~1330의 아름다운 프레스코 벽화 〈최후의 심판〉은 특정 시간에만 관람 가능하다 문의: 06 589 9289 / 06 4549 2739.

❸ 마당을 나와 산타 체칠리아 거리Via di Santa Cecilia를 따라 좌회전한 다음 왼편의 가죽 상점을 찾아보자. 진열장의 자질구레한 물건만 보고 돌아서기엔 아까울 정도로 진정한 장인 정신이 깃든 작업장이다. 이곳에서라면 흔해 빠진 콜로세움 모형 따위가 아닌 질 좋은 기념품을 살 수 있을 것이다. 곧이어 나타나는 제노베시 거리Via dei Genovesi로 좌회전해 가다 보면 오른쪽에 커다란 크림색 산 조반니 데이 제노베시 성당San Giovanni dei Genovesi이 나온다. 근처 리페타 항구Porto di Ripetta에 도착한 제노바 선원들을 위해 지었던 숙소 겸 성당이었다. 루체 거리Via della Luce에 이르면 좌회전해 신新고전 양식의 이탈리아 재정경제부 건물이 있는 마스타이 광장Piazza Mastai까지 간다. 광장 맞은편의 비알레 트라스테베레Viale Trastevere를 건너 우회전한 다음 잠시 후 좌회해 프라테 데 트라스테베레 거리Via delle Fratte de Trastevere로 내려간다. 멀리 길 끄트머리에 보이는 거대한 구조물은 아쿠아 파올라 송수로의 끝부분을 표시하는 분수다. 송수로는 트라야누스 황제의 도시 계획 중 하나였다. 분수는 교황 바오로 5세가 로마 수로를 복구한 것을 기념하기 위해 1610년에 건설되었다.

산타 체칠리아 인 트라스테베레 성당의 내부(위)와 외관(아래).

산타 마리아 인 트라스테베레 광장.

❹ 피에나롤리 거리Via dei Fienaroli로 우회전해 잠시 내려가다가 치스테르나 거리Via della Cisterna로 좌회전한다. 산 칼리스토 광장Piazza di San Calisto이 나오기 직전에 와인용 플라스크 두 개와 통에서 물이 쏟아지는 깜찍한 식수용 분수가 있다. 트라스테베레는 전역이 그라피티와 낙서로 뒤덮여 있는데 이 분수도 예외는 아니다. 졸졸 흐르는 시원한 샘물에 입을 갖다 대기가 왠지 꺼림칙하다. 그러나 곧 나타날 산타 마리아 인 트라스테베레 광장Piazza di Santa Maria in Trastevere 의 식수대는 개수도 많고 위생 상태도 좀 나으니 염려 놓자. 그러나 트라스테베레 지구에서 식사를 하고 싶다면 큰 광장 주변은 가능하면 피하는 게 좋다. 일부 레스토랑이 관광객을 노린 '바가지 영업'을 하기 때문이다. 한편, 산 칼리스토 광장은 생동감 넘치는 작은 광장으로, 다음에 나올 산타 마리아 광장의 예고편이라 할 만하다. 우회전해 인파와 소음을 따라가 보자.

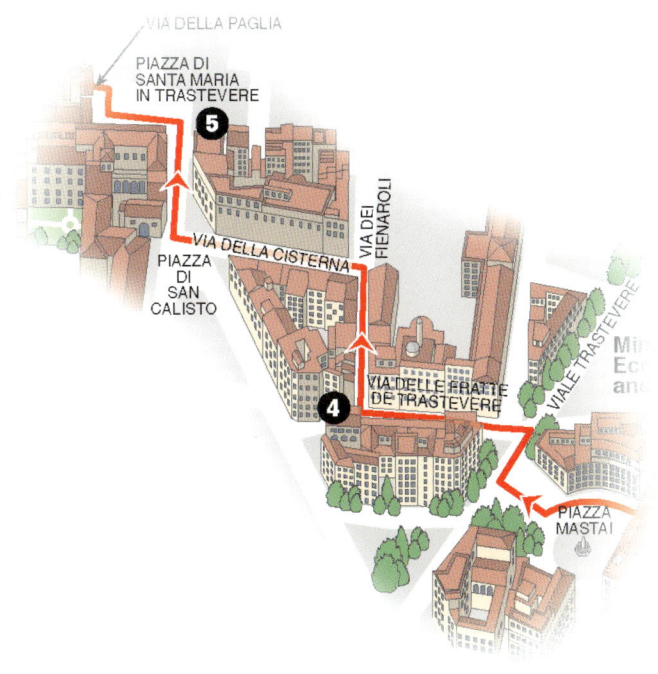

산타 마리아 인 트라스테베레 광장의 식수대(왼쪽)와 트라스테베레 지구의 활기찬 풍경(오른쪽).

❺ 산타 마리아 인 트라스테베레 광장은 매우 활기차고 경쾌한 공간이다. 북적이는 레스토랑과 흥미진진한 상점, 거리 악사들의 생생한 라이브 무대 등 트라스테베레의 중심가답다. 광장 중앙의 8각형 분수 둘레는 분위기에 흠뻑 빠진 관광객들과 햇볕을 즐기는 현지인들로 언제나 북적거린다. 특히 여름 저녁에 이곳을 방문한다면 트라스테베레의 팔딱거리는 심장 한가운데 왔음을 더욱 실감할 수 있을 것이다. 강 건너 로마 시내의 유명한 광장에서는 느낄 수 없는 또 다른 생명력이다. 로마 주요 관광지라면 어디를 가나 두드러지는 상업성이 이곳에서는 매우 자제된 느낌이다.

산타 마리아 인 트라스테베레 성당 Santa Maria in Trastevere 은 로마에서 손꼽히는 오래된 성당 중 하나로 그 이름처럼 동정녀 성모 마리아에게 바쳐진 성당이다. 그 기원은 3세기까지 거슬러 올라가는데, 현재 건물은 1138년에 재건된 것이다. 파사드의 모자이크는 햇살을 받아 반짝반짝 빛나고, 사랑스러운 로마네스크 종탑에서는 15분마다 아름다운 종소리가 울려 퍼진다. 황금을 입힌 성당 안은 한층 더 눈부시게 빛난다. 우아한 대리석 기둥이 줄지어 선 중앙 신도석과 카발리니가 제작한 후진의 모자이크는 더욱 환상적이다. 중앙 제단 오른쪽에는 'fons olei'라는 문구가 새겨져 있는데, 기원전 38년에 '기름 분수'가 터져 나왔던 지점을 표시한 것이다. 후에 기독교인들은 이 사건을 '구세주의 도래'로 해석했다.

산타 마리아 인 트라스테베레 성당 내부(위)와 외부 전경(아래).

트릴루사 광장.

❻ 성당을 나와 두 번 좌회전해 팔리아 거리Via della Paglia로 내려가면 곧 산 에지디오 광장Piazza di San Egidio이 나온다. 광장으로 들어서면 왼쪽에 트라스테베레 로마 박물관Museo di Roma in Trastevere이 있다. 이 지역에 딱 어울리는 민속 박물관으로 18~19세기 현지인들의 생활상을 엿볼 수 있다. 또한 로마 지역 사투리로 쓴 시와 시인들도 만나볼 수 있다. 흰 대리석으로 쌓아 올린 고전적인 로마 이외의 '또 다른 로마'를 보고 싶다면 꼭 한번 방문해 보자. 펠리차 거리Via della Pelliccia를 건너 오른쪽으로 들어가면 친케 골목길Vicolo del Cinque이다. 아기자기한 레스토랑이 줄지어 선 깜찍한 뒷골목이다. 길 끄트머리의 트릴루사 광장Piazza Trilussa에서 좌회전해 다리를 건너 언덕을 오르면 다시 '로마 본토'로 넘어갈 수 있다. 우리는 왼편의 바로크 현관에 자리 잡은 웅장한 분수를 지나 트라스테베르를 계속 탐험한다.

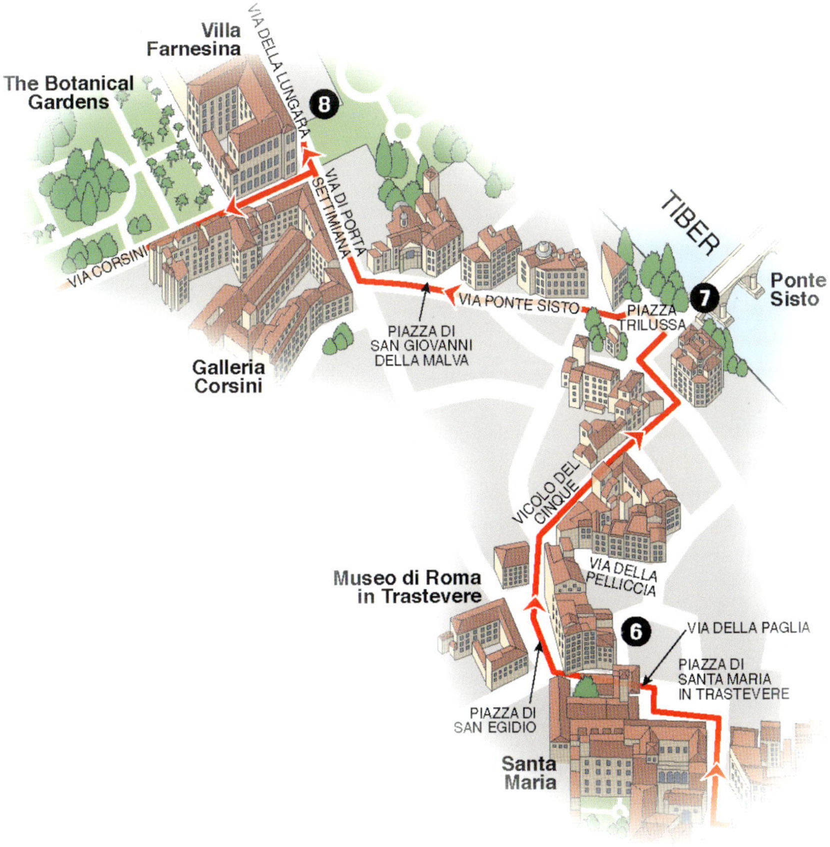

로마 사투리로 시를 쓴
시인 트릴루사의 동상.

코르시니 미술관.

❼ 분수에서 좌회전해 오른편으로 트릴루사Trilussa, 1873~1950의 독특한 청동 조각상을 지난다. 폰테 시스토 거리Via Ponte Sisto를 내려가면 곧 산 조반니 델라 말바 광장Piazza di San Giovanni della Malva이 나온다. 광장을 곧장 통과해 반대 방향으로 나가면 오른쪽에 거대한 크림색 성당이 등장한다. 이 주변은 거리 이름과 표지판이 다소 헷갈리므로 주의해서 길을 찾자.

성당을 지나 포르타 세티미아나 거리Via di Porta Settimiana로 우회전한 다음, 이어지는 룬가라 거리Via della Lungara로 계속 간다. 코르시니 거리Via Corsini를 왼편에 두고 조금만 더 나아가면 왼쪽 건물은 코르시니 미술관Galleria Corsini, 오른쪽 건물은 파르네시나 저택Villa Farnesina이다. 코르시니 미술관은 환상적인 보물급 예술 작품으로 가득하다. 18세기에 지은 팔라초 코르시니Palazzo Corsini에는 세계에서 가장 유서 깊은 과학 아카데미, 린체이 아카데미아Accademia dei Lincei가 있다. 파르네시나 저택은 시에나Siena 출신의 갑부 은행가 아고스티노 키지Agostino Chigi가 1511년에 건설했다. 그는 이곳에서 호화찬란한 만찬을 수시

파르네시나 저택.

로 열었고, 코스 요리의 한 코스가 끝날 때마다 사용한 은식기를 테베레 강으로 집어던졌다고 한다. 그러나 다른 은행가들처럼 그 역시 재산을 지키는 수완이 좋았다. 파티가 끝나면 어김없이 강 밑바닥에 쳐둔 그물로 은식기를 몽땅 수거했으니 말이다.

❽ 코르시니 거리로 돌아와 우회전한다. 이곳은 코르시니 미술관의 으리으리한 장관이 돋보이는 아름다운 거리다. 그 끝에는 초목이 우거진 식물원 Orto Botanico di Roma이 있다. 팔라초 코르시니의 옛 정원을 개조한 것으로 그 넓이가 12만 제곱미터에 이른다. 트라스테베레의 혼잡함과 떠들썩함을 뒤로하고 잠시 쉬어 가자. 소정의 입장료가 아깝지 않은 아름다운 공간이다. 여기서 기력을 충전했다면 7번 지점의 시스토 다리 Ponte Sisto로 돌아가 11번 코스를 계속 이어가도 좋다.

지은이 | 존 포트 John Fort

수년째 로마에 살고 있으며 실력 있는 여행 가이드다. 〈The Companion Guide to Rome〉의 편집자로도 근무하고 있다. www.Johnfort.com

지은이 | 레이첼 피어시 Rachel Piercey

옥스퍼드의 세인트 휴 칼리지(St Hugh's College)의 영어 강사이며, 여행안내서 편집자로 일했다.

옮긴이 | 정현진

한국외국어대학교 영어과와 신문방송학과를 졸업하고 스위스에 살면서 번역 일을 하고 있다. 번역한 책으로는 《세계에서 가장 아름다운 광장 100》, 《헤밍웨이 주니어 백과사전》(공역), 《빨강머리 앤이 사랑한 풍경》, 《파리 걷기여행》, 《피렌체 걷기여행》 등이 있다.

로마 걷기여행

초판 1쇄 발행 2012년 6월 10일
3판 1쇄 발행 2020년 1월 15일

지은이   존 포트 · 레이첼 피어시
옮긴이   정현진
펴낸이   진영희
펴낸곳   (주)터치아트
출판등록 2005년 8월 4일 제396-2006-00063호
주소   10403 경기도 고양시 일산동구 백마로 223, 630호
전화번호 031-905-9435 팩스 031-907-9438
전자우편 touchart@naver.com

사진 _ 셔터스톡
ISBN 979-11-87936-34-3 13980

* 이 책 내용의 일부 또는 전부를 재사용하려면 반드시 저작권자와
  (주)터치아트의 동의를 얻어야 합니다.
* 책값은 뒤표지에 표시되어 있습니다.

* 이 도서의 국립중앙도서관 출판예정도서목록(CIP)은
  서지정보유통지원시스템 홈페이지(http://seoji.nl.go.kr)와
  국가자료종합목록 구축시스템(http://kolis-net.nl.go.kr)에서
  이용하실 수 있습니다.(CIP제어번호: CIP2019052815)